工具

创意的利器

［日］加藤昌治 著
王瑶芬 译

上海文化出版社

工

具

序　章

创意人并非与生俱来，学动脑现在开始并不迟

你正从事着与"动脑""企划"有关的工作吗？现在这个时代，几乎所有上班族的工作都需要"动脑""思考"，或许此刻的你也正为某个方案抱头苦思、焦虑不已……于是我想问你一个问题：你拥有帮助思考创意的"工具"吗？没有吗？为什么？

我经常疑惑着，为何大部分从事创意工作的人，却没有能够帮助自己思考的工具？我们每天都在动脑筋想点子、做企划、执行计划，并因此获得收益，然而相对之下，能帮助思考的基本配备却简陋得可怜。如此一来，纵使是坐在最尖端的计算机前面整日苦思也无济于事。如何帮助思考？谁也不曾教过我们。但这世上绝对有一些工具，就像电话、计算机一样方便，能够促进我们的思考！

世上一定有帮助思考的工具。

我将"能帮助思考创意的工具"称作"创意的利器"。

"创意的利器"能使你的点子源源不绝，成为创意型人物；

"创意的利器"在手,你的大脑就成了"点子储存库",身体则是"企划工厂"。

我们不断地被要求"想、想、想",却从来没有人教我们如何"想"。于是我们只好焦头烂额地陷入苦思,最后用电脑将所有杂七杂八的想法整理出来就算大功告成。这样的模式是不是一直在重复?这种做法并没有错,只是很难说有效率。其实只要运用一点技巧、一些工具,思考的过程就变得轻松多了。

我目前任职于博报堂[①]的CC局(Corporate Communication局:企业传播局),主要的工作与公关(Public Relations:公共关系,简称PR)有关。CC局在广告公司里是个无所不包的部门,从新商品上市期的情报战略计划到上市发布会的演出脚本,每天做着各种与信息情报有关的企划工作,而且工作的范畴极广,要收集的信息种类也五花八门、各式各样。

现在回想起来,刚进公司时我也患了"创意缺乏症",却被放在一个严酷的工作环境里,上司并不理会我是个什么都不懂的菜鸟,只交代一句"一星期后给我二十个企划案"!就完全不理会我了。怎么办呢?我只好拼命模仿、拼命记笔记,努力将它完成,而唯一能依赖的工具就是"5W1H"[②]。

[①] 博报堂,为日本第二大广告公司,第一大广告公司为电通。
[②] "5W1H",指思考或新闻写作的元素,即what, who, when, where, why, how。

毫不意外，接下来的会议就是我的企划案阵亡日。那是我生平第一次对客户提案，虽然只有一页，却是花了我三个晚上，不眠不休写成的，结果在内部会议得到的反馈却是一句"不能用"！老板轻易否决了我，改交别人来写。毕竟我无法一进公司，就突然变得文思泉涌，提出好点子。

眼看四周的前辈们一个接一个地丢出了各种有趣的点子，我不禁赞叹他们才是名符其实的"创意人"，而我要成为企划人，还有好长的一段路要走。

我的心里异常苦恼，"原来我是个无趣的家伙呀！""我过去到底在做什么？怎么活的？""要如何才会有创意呢？"。

广告人就是靠动脑吃饭，我们的商品就是企划。要做这行就一定要有想法、会动脑。此后我便找尽各种有关"点子"的书，不断阅读，并从中找出适合自己的方法或工具，运用在每一次的工作中，如果能互相吻合并收到功效，就觉得非常幸运。如此一路摸索过来，花了近两年的时间，逐渐整理出适合自己的方法，此时的我早已年过三十。

由于这些经历，我深切地体会到，所谓的"创意人"都是后天的，并且与年龄无关，而自我意识比环境的影响力更重要。很会想点子的人其实和一般人所见所闻都一样，他们同样坐公交车上班，在家里看相同的电视节目，唯一不同的只在于"意识"。

也就是说，无意识的人即使面前出现了新点子的信息也察觉不到，也不会睁大眼睛探询下去。

睁大眼睛掌握机会，这就是不容小觑的思考技巧。点子其实来自于我们平凡的生活与日常工作中。只要心中随时存有意识、运用点儿技巧、花些心思养成习惯，拥有创意并非难事。而且从现在开始一点也不迟！因为我相信，任何人都可以成为点子源源不绝的知性武士。

想点子、构思企划都与性别无关，但限于篇幅，以下皆以"创意人"代表所有的男性与女性。

目 录

序 章

创意人并非与生俱来,学动脑现在开始并不迟 / 1

Chapter1
想点子、做企划,到底在做什么? / 11

●点子与企划,来自"WHAT"与"HOW" / 14

点子无关大小!尽情去想,并让它成形

●想点子、做企划的动脑流程 / 18

从"率性"到"体贴心"

●点子=自由奔放的发散性思维 / 21

欢迎灵机一动,可行性以后再说

●探讨点子的可行性,就是企划 / 26

点子是材料,企划就是将材料煮成美味的料理

●收集信息→扩展创意→汇整企划 / 29

扩散与集中,这是动脑的基本原则

Chapter2

如何筛选"必要的信息"? / 33
——让信息进入大脑的工具

工具之1 **色彩浴** / 36

收集颜色、触发灵感

工具之2 **隔墙有耳** / 45

间接的街头访问,将心声变成素材

工具之3 **小小备忘录** / 50

人是健忘的,想到什么就记下来

工具之4 **七色鹦哥** / 56

专业替身演员兼小偷,每个人都有不同的世界观

工具之5 **影像阅读法** / 60

书和杂志是灵感的藏宝箱,赐予我们最钟爱的宝石

工具之6 **临时记者** / 65

现场采访,并能深入浅出地加以阐明

Chapter3

展开、展开、展开！ /71

——延伸创意的工具

工具之7　点子素描（手写版） /76

既然是草稿，就不是给别人看的，也不要怕浪费纸

工具之8　即时贴 /83

利用即时贴，让记忆倾巢而出

工具之9　九宫格 /88

从简单的格式中，孕育出绝妙的好点子

工具之10　心智绘图 /105

将脑中的放射状思绪，如实表现出来

工具之11　点子素描（计算机版） /110

涂鸦的感觉，最自然的动脑法

工具之12　联想游戏 /118

新点子像葡萄藤般四处延伸

工具之13 九大检验法则 / 123

思考陷入胶着时,走出迷宫的处方笺

工具之14 头脑风暴 / 127

搭别人想法的便车,接受自己从未想到的观点

Chapter4

企划=点子的加减乘除 / 131

——将点子变成企划的工具

工具之15 5W1H形式 / 135

基本的基本,严守5W1H

工具之16 标题 / 144

第一印象很重要,唤起人们的想象力

工具之17 视觉化、图像化 / 147

企划要能形成"画面",请用三维空间思考

工具之18 5W九宫格 / 151

让5W1H清晰呈现，使整体样貌更一目了然

工具之19 企划书 ／155

最后的总整理。每个人都能想象你要传达的观念

Chapter5

偶尔来点儿刺激！ ／159

——脑筋打结时的忠告

工具之20 创意马拉松 ／163

时时动脑，想出来的点子，要立即记下

工具之21 从发问开始 ／168

如魔术般有效，工具大发威

Chapter6

寻找你专属的工具 ／179

❶ 信息媒体 ／183

❷ **设备用品** /187

❸ **真实的环境** /191

❹ **自创的项目** /192

尾 声

动脑系统化，才是真"工具" /195

后 记 /197

参考文献 /199

附 录

必读！献给创意人的精选书单 /201

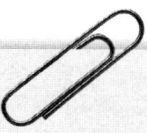

Chapter1

想点子、做企划，
到底在做什么？

所谓的"想点子""做企划",具体来说,到底是在做什么?而要进行"创意思考"时,又该如何进入状态?

点子和企划——这两个名词有何不同?

至少在日本的商业社会里,这两个词经常被混淆并用。我个人认为,**点子需要变成企划,而企划是点子的具体呈现。**

"创意的利器"则是产生点子和企划的知性工具。不过在介绍各种创意的利器的实践方法之前,我想先将"点子"与"企划"做更进一步的说明。

所谓知己知彼、百战百胜,为了能善用创意的利器,我认为有必要将使用目的、如何运用才能更具成效等事项再详加定义。目的清晰,手段就更有力!

点子与企划,来自"WHAT"与"HOW"

点子无关大小!尽情去想,并让它成形

在商场上,具可行性的企划包括了"做什么"和"如何做"两大要素。换言之,即是"WHAT"与"HOW"的差异,而这两者都是产生点子的必要条件。

一般而言,我们将"HOW"定义为操作,但我们又常说现在已不需要"操作型"的工作方式,因为我们处在位阶不断提升的环境,自己也已不再是动手做的阶级了……然而,尽管这是事实,操作一事,即所谓"HOW"的部分仍十分重要。就像拍电影、电视剧,即使演员相同,如果演出的方法不同,就成了另一部戏,由此可知"HOW"的重要性。工作时也一样。当我们还只是小喽啰时,全神贯注于"HOW"的范畴。对于前辈和上司的指示,一心只牵挂着"怎么做才不会失败"。于是从各种工作细节中,我们积累了各式各样的经验与技术,将它们牢记在心中,如此才有办法领到薪水。

但是过了几年后,不知不觉已从菜鸟行列中毕业,开始会对自己的工作提出"这样做有点儿不妥!""那样做是不是会更好?"的质疑。

大部分的疑问,或许只是发发牢骚就过去了,然而这却是由"HOW"转成"点子"的开端。如果我们能将"这样的做法行不通",转变成"换成某种方法做做看会如何?"的想法,那么你就与美妙的点子连上线了。

另一项"做什么"就是"WHAT"。大家常说日本人最擅长改良,但其实,这也正显示出日本人"WHAT"的思考能力。"WHAT"也很重要。事实上,必须先决定要做什么,接下来才能想"怎么做",因此在顺序上,"WHAT"是摆在前面的。

如此说来,"WHAT"更重要啰?我要在此大声说明:"并非如此!"理由有二,首先,在"HOW"的范畴里,同样需要创新、有效的点子。如果没有人在思考这些事,我们的公司会变成什么模样?何况,比起小规模的"WHAT",大手笔的"HOW"要更能赚钱呢!因此,对于我们这些执行者来说,两者同样重要。

另一个理由是:"WHAT"和"HOW"的分界线很模糊。如果我们加以分析,会发现一个"HOW"是由很多的"WHAT"组成的。就像拉面的秘传酱料也属于料理的一部分,而做酱料本身就是一件事,一个"WHAT"。

我们也常遇到下面这种情况:原本在想"HOW",最后出来的却是"WHAT"……而有些人更在意点子与企划的规模、预算的多寡等。

然而大规模就一定是好工作吗？其实不然。只是就某方面而言，大项目较容易引人注目，年终奖金等奖赏也较好。

点子、企划不分大小。有些点子或企划的影响范围虽小，但只要它具有十足的价值、能对人产生影响，就是好点子。而且最重要的是，好点子不分大小，都能让我们认识到自己是具有动脑能力、执行力的创意人。任何点子都是人想出来的，让自己成为一个制造点子的工厂，比什么都重要。

因此，"WHAT"与"HOW"两者都是思考的必要元素，并与大小无关，从现在起，便要养成将"做什么"与"如何做"一起思考的习惯。

过去我们太偏重"HOW"，因此我才大声疾呼要注重"WHAT"。当然，每个人都有擅长与不擅长的地方，因此，不论是"WHAT"还是"HOW"，只要能创造价值，就是最棒的成果。

记得我刚进公司时，所属的CC局有句内部的精神标语："化梦想之力，成实现之力。"老实说，当时的我并不十分理解这句话的含意，只是很肤浅地认为"诚然如此"，就不再深究了。如今想来，才愈发体会这句话的精深奥妙。

这句话其实是告诉我们——"梦想"，就是自己想做的"WHAT"，而将梦想实现即是"HOW"，两者无论缺少哪样，都无法顺利完成广告工作。更进一步地说，只有做梦的脑袋、很会想点子、很会做企划都是不够的，若不能将点子变成实际的业务，那么一切都是徒劳无功。这些道理，直到最近我才彻底领悟，从事动脑工作、想要做个创意人，就该两者兼顾。

你事业的"梦想"是什么？要如何具体成形？动脑最曼妙之处，就是你越想它，就越能企划出只有你才想得到、做得到的梦想。如果我们将自己的梦想变成事实，企划它、实现它，让它在真实世界中诞生，这将是多么令人兴奋、雀跃的事情呀！

动脑筋、想点子，人生大乐也！

想点子、做企划的动脑流程
从"率性"到"体贴心"

这是工业设计家川崎和男先生的主张。川崎先生是日本"G Mark"（good design，最佳商品设计奖）的评审委员长。一般我们对设计师的印象，多半认为他们是性情中人，但坚持己见，所谓率性的特质居多。川崎和男为NHK录制在某小学母校特别开班授课的特别节目《课外教学／学长您好》，后来被改编成《川崎和男——梦幻设计师》一书。在该书中，他却提出这样的主张：

"设计是从率性到体贴"。

设计的产生，最初源自个人的想法和欲望，所谓"率性"，就是顺着"我（自我）"的"性子（想法）"之意。但"设计师"却必须将自我欲望设计给周遭的人使用，让设计的物品成为他人的工具。也就是说，必须从使用者的角度，严格要求设计物具有使用方便等特性。因此川崎和男主张，如果没有做到"贴心"这个步骤，就无法产生好的设计。

点子或企划即是事与物的设计，这也是为什么我们的部门现在改名为"CC情报设计局"的原因。从这个角度来看，创意人不也是设计师的一种吗？

"设计是从率性到体贴"这句话让我非常感动。先要有自己的想法，再让这个想法合乎社会需求，这样的顺序非常重要。如果从一开始就只想迎合他人的想法，那么想出来的点子一定也乏善可陈。

当你面对课题时，自己会想怎么做？

这是所有点子、企划的原点。没有这样的出发点，就无法产生充满热情的企划。然而我们的工作，却是从了解周遭状况、别人想法及各种条件限制的会议中开始，这样的结果只会让我们累死在会议上，当然想不出好点子。因为，我们自始至终都没有问自己想怎么做。

身为创意人的你，请先从"率性"开始。在自我意志里，自由自在地激荡出好点子，至于是否符合规范，待以后再来调整。

广告公司便有这样的文化。为了让自己的企划案能提给客户，公司内部的会议就成了小型的战场。如果不能坚定地为自己的企划案辩护，说明它好在哪里，那么你的提案马上就会败下阵来，相反，如果能顺利通过会议考验，那么原本率性想出的点子，就能琢磨为成熟、出色的企划案。如此经过一次次的舌枪唇战，终于塑造出兼具热情与广泛适用性的好东西，成为川崎和男所说的"贴心"设计。只要能让梦想实现，即便只是一个没什么预算的小项目，都让人雀跃欢喜，觉得人生无限美好。

而这样的机会，每个人都有。

点子＝自由奔放的发散性思维
欢迎灵机一动，可行性以后再说

什么是点子？英文叫做"idea"，德文称作"idee"。我手边的《朗文英语辞典》中记载："a plan, thought, or suggestion that you have."（人所持有的计划、想法或建议）；《旺文社英日中辞典》则写道："1.概念、观念：想法、思想。2.意见、见解、信念。3.计划、趣向、意图：想到（灵机一动）。4.漠然的印象、直觉、预感：想象、预想。5.（哲学性的）概念、理念。6.词组、主题……"

哪一个才是标准答案？我最中意的，也是过去工作上可以落实的定义，即是——

"所谓点子，不过是既有要素和材料的新组合"。

这个定义源自于《创意妙招》（*A Technique for Producing Ideas,* James Webb Young）一书。

另外一本我很喜欢的书《如何激发大创意》（*How to Get*

Ideas, Jack Forster）也采用这个定义："好点子不过是既有要素和材料的新组合。"——这句话告诉我们，点子是无法无中生有的。再怎么棒、怎么独特的点子，还是有赖于与其他点子互相冲撞衍生。自从我发现这句话后，想点子变得非常轻松愉快，无须向神佛求助，就会有新鲜的点子源源不断而来！

发现这一定义后，我同时又发现另一件让我心情放松之事，那就是对"新"的理解。我们常需要"新点子"，结果却是不断逼迫自己要想出全世界没有的点子，继而痛苦不堪。这样的想法，其实没有太大意义。

我们都不是当代的大发明家、大科学家。我们需要的只是在自我的工作与生活中能发挥作用、可行的点子或企划。换句话说，只要是对"公司"或"家庭"而言是"新鲜的"，那就是"新"的点子了，不是吗？这样的观点对我而言非常有用，我在思考企划的过程中，也变得轻松许多。

例如，对书店业导入超市的技术就是一种"新"。只要能产生让生意好转的力量就足够了。

哪怕借鉴其他公司、其他行业，同样可以产生具有原创性的企划，尽管只有一点点新，但那就是新。

如果愿意这样想，那么我们一定会发现点子的宝库。

此外，我对点子还下了另一个定义，那就是"点子是企划的根源"。我不是说"点子＝企划",一个点子很少能直接运用到工作上,通常都是和其他点子结合,经过种种变貌后,形成最终的模样。如果说点子是老材料的新组合,那么企划就是各种点子加减乘除演算后得来的结果。

此外,我也不要求完美的点子。异想天开也好,似曾相识也罢,点子就是点子,只要有点子就好。这点或许和一般的上班族想法不尽相同。"感觉太普通了,我一定要想出令人惊艳的点子!"然而这样的念头却经常让我们作茧自缚,被莫须有的不成文规矩限制住。从现在起,请舍弃这种观念吧!

广告公司的会议上,经常出现许多无聊的笨点子,有的甚至会被揶揄:"对不起,你这样的想法要花一兆日币。"即使是如此这般的"烂点子",也不要畏惧提出,因为在不断与他人激辩的过程中,好点子就会诞生。

请坚信"量变产生质变"这句话。

然而,需要多大的量,才能产生质变?大家或许以为想出五个、十个点子就很了不起,其实这是不够的。

点子要很多很多,越多越好。为了求量,当然会出现一些无聊或是想当然的想法。但有些想法对你来说是理所当然,对他人却是新鲜的、前所未闻的呢!何况,任谁也很难立刻就有很好的想法,因此巨大的点子量是一切的基础。而且,点子也无须大量信息的支持,一行字也成立。

通常,我在开会时会提出预先想好的点子,其中有许多都是颇微不足道或无趣的想法,但你千万不要觉得不好意思,要改变心态,鼓励自己说出来。

即便这样,我们还是会常听到有人说:"我就是无法将自己幼稚的想法告诉部长。"没关系,敝公司也经常如此。开会时,或许有人写了50个想法,但当自己边看边过滤后,发表出来的不到20个。因为有些点子说出来,恐怕还真的会遭到无情的批评,伤了自尊心,还是不说为妙,在这种情形下,不发表当然也情有可原。

只是,你和这位同事的不同之处何在?

这位同事不管要不要给他人看,还是写了50个。虽然我们看不到对方写了什么,无法了解实际的内容,但请记住,这一点很重要。因为我们通常想到这个不好,那个不成熟,就在脑中自行否决那些想法,而不把它们写下来,结果点子就这样溜走了。从现在起,绝对禁止这样做。任何人都没有权利让点子在脑海里无声无息地消灭。不管是多无聊的点子,都要将它写在纸上。这些全都是"你想到的点子",都是你智慧的结晶。

可行性?这个问题以后再考虑!管他要花100兆日币,或是公司要有十倍的规模才做得到,或是得考虑竞争者的存在等,这都不是现在要思考的问题。你其至想写一篇《梦之物语》都没关系，20页、30页都无妨，请尽情地写。

无论是觉得"嗯，这一点可行喔"，还是认为"或许这只是在浪费纸张"，你唯一要做的，就是铺起一片浩瀚广漠、玉石交错的点子大海。

探讨点子的可行性，就是企划

点子是材料，企划就是将材料煮成美味的料理

当想出不错的点子后，如何让它实现，便是企划的工作。所谓企划，是指只要能掌握预算、准备、时间，就能将点子转化成引人注目的计划。

如果我们没有考虑到现实层面，只是一味地将点子提出，通常下场不是得到客户温柔却默默不语的微笑，就是被批评得体无完肤。

因此切记，点子要经过可行性的探讨，将它推敲琢磨成任何人都一目了然的企划案。推敲、琢磨、形成企划案，广告作业其实就是这么一回事，而这也是将粗略的点子变成企划工作真正的开始。

思考、创造点子时，一行字就够了，但是写企划案时，就需要起承转合的完整性，而企划的内容也经常是数个点子的整合。

不过我们也不要太过拘泥于细节。因为这个时候，大体上还不需要琢磨到细节部分。一旦认为这个点子可行，只要先将其整合到可具体实现的状态，兼顾"WHAT"与"HOW"两者的平衡

即可。至于细节部分的斟酌，可等到实际执行时再进行。以广告作业为例，就是将点子转化到"脚本"或是"企划书"阶段，至于实际执行时还有"执行手册"，那便是下阶段的事了。

不过，企划书若没有你自己想出的各种新鲜点子，这企划书就一点也不"新"了。

这就像我们到餐厅用餐，点子只是食材，需要经过厨师的精心设计与烹调，才能成为美味料理。一道主菜可是运用了煎煮炒炸的功夫，将各式食材巧妙融合才完成的。大型企划案就像餐厅的套餐，是众多一品料理的组合。各式各样的套餐有各式各样的组合，而我们要做的，就是让它在菜单上显得可口，让顾客看了忍不住想点来吃……

一流的厨师做菜时，一定会如此设想。企划也是如此，而且因为关系着预算远超过一般的套餐，所以必须设想得更慎重、更周全，甚至必须更大胆地想象。

这样的比喻还有另一层意义。请想想看我们吃过的套餐，除了生平第一次吃的套餐以外，大部分的套餐里，总有一两道菜是我们曾经吃过的，像是色拉、甜点等，即使没吃过，也应该听过名称，并不是从头到尾都是创新的菜色。

企划书也是如此，并不是要求整个案子都得充满新点子。这样想来就轻松多了，只要企划的核心点子，对你、对客户而言是新鲜有趣的点子，这就是好创意。

切记，好点子不过是既有要素与材料的新组合。

当然，还是要提醒你，企划是不会突然诞生的。踩在有形无形的创意残骸之上，企划于焉产生。如果想点子的过程马虎随便，也不容易产生好的企划。有了千锤百炼的点子作为企划的核心概念，才会使企划案迷人。上司经常批评"这份企划案没有深度"，指的就是这点，也容易让别人觉得你准备不够。

每个人都具备评判的能力，即使什么想法都没有的人，看到企划案也能头头是道地批评不休。虽然被批评时，我们的心中不免愤愤不平地暗骂："你根本不懂！"但是骂归骂，我们还是要超越这种层次，不要让遗憾发生。

收集信息→扩展创意→汇整企划
扩散与集中,这是动脑的基本原则

思考任何事情时,首先要将既有的素材放入脑中,重新组合,产生新创意后,再将其修整成具体可行的企划案,这便是动脑的作业流程。

所谓既有的素材,可能是以前已知的事,也可能是你注意到的事物或意识到的问题。从早到晚,我们的脑袋不断地看、不断地听,已悄悄地在心中预存了许多将来可能会用到的素材。而既然新点子是既有要素和材料的新组合,那么既有的素材越多就越有利。因此,不要让机会溜走,平常就要多吸收新知。

我们可以将脑海中原有的材料重新组合成许多新创意。所谓"组合",不一定只是素材的相加,有时要相减,有时要相乘,尝试各种组合方法。只要我们认真思考脑中储藏的讯息,新点子就会源源不绝。这就是所谓的"延伸创意",我想没有人会为点子太多而生气吧。

即使想太多又何妨?它可能不适合现在的课题,却或许能解决另一个问题。毕竟通常我们遇到的课题不会只有一个,因此请不要吝啬动脑筋。

接下来,我们要变得冷静,进行筛选。对于新点子,我们要整理一下,哪些与旧点子有关,哪些实现度高,并彻底了解它们的问题点与障碍,这就是"集中"的动作——将各种无限延伸、扩展的点子,朝可解决课题的方向集中整理,形成深具魅力的企划。

如何运用大脑来思考点子和企划案?就是要不断地扩散、集中,集中、扩散,不停地在脑海中做伸缩动作。思绪扩散时,要能自由奔放,无视障碍存在,拼命地延伸想法;集中时,则要能简洁精练,好的企划都很单纯。企划书要容易懂、有创意、目标明确,令人看了以后跃跃欲试,甚至想增加执行预算,而且还须兼顾必然性与趣味性。"集中"并不是"变得实际却无聊",只要有新的、有趣的点子,即使再三地推敲琢磨,有趣的地方依旧有趣。

此外,须特别注意的是,在延伸创意时,要尽情地放开心胸去想。就像体育课学跳舞,我们觉得这样跳好夸张、好丢脸,但实际上这样才符合跳舞的标准。动脑时,务必放开一切束缚,尽情想象。接下来,我们要了解有关头脑的运作方式。只要稍微明了,以后每天的动脑作业都会很顺畅。

我们的大脑其实是以放射性的方式,天马行空、漫天放矢似的延伸创意，再加以汇整的。你是不是也常有这样的经验？明明是在想开会的事，脑中却浮现今天早上看到的广告传单，或是想起约会之事……一回神才赶紧把思绪又拉回来。然而如此杂乱无章、跳跃式的思考方式，却反而能让脑中接二连三地浮现出解决问题的答案。

我们平时进行知性活动的方法，和我们大脑的思考方法恐怕有所不同。我们最常进行的知性活动基本上都是直线式的。以打字为例，我们从左上角一直打到右上角，然后又回到左边开始第二行，一行一行地朝纸张的右下方移动，这就是书写文章的方式，因而我们的文章写好后，都是一行行笔直的直线。但思考点子时，如果开始就以直线进行，一定会遇到阻碍。

想点子与想企划的思考方式稍有不同，如果你过去都是线性思考，那么从现在起，请稍微作些改变。

以上是成为创意人的必备思维方式。有时稍微改变角度，就能看到不一样的东西。扩散、集中。无论多幼稚，点子就是点子。只要有一点点新意，就是十足的新意。只要有好的企划，就能把乱无头绪的点子修整成具体可行的方法。以上的这几个例子，其实我们在日常生活中也都经常用到，我只不过是将平时体会到的动脑方式拿来运用到工作上而已。"创意的利器"正是为了帮助动脑、帮助搜寻情报、帮助形成企划架构的工具，我们也可以称之为"不会说话的指导员"。

接着,终于要进入主题,介绍我所使用的"创意的利器"了。或许这些帮助思考的工具无法百分之百适合你,然而本书的重点并非在教人"如何"使用工具,而是希望大家了解"为何"使用。只要能明确掌握目标,任何工具均可以使用。

这就像选高尔夫球的球杆一样,一定要本人实际使用,才能找出最适合自己感觉的球杆;同样地,"创意的利器"的重点并不在培养操作高手,而是希望借由工具激发创意,培养出更多能善用"WHAT"和"HOW"的创意人,这才是"创意的利器"的真正目的。

Chapter2

如何筛选"必要的信息"?

——让信息进入大脑的工具

第一个推荐的"创意的利器",是让信息进入自己脑海的工具。例如看报纸、看热门电视节目等,我们可以一边看,一边将其中的创意吸收到我们的脑子里。这种通过五种感官大量吸收的信息,可分成以下几类:

① 立即可用的信息;

② 有点儿关联性的周边信息;

③ 没什么理由,就是引起自己注意的信息。

这三类信息每一类都很重要。不过由于我们的工作时限通常都很紧迫,当然是第一类的信息越多越好。但首先,你必须有一个明确的概念:"究竟什么样的信息,才是你真正需要的?"

一旦你做了这个基本动作,就能从大量的信息中过滤、筛选,而这正是面对各种信息冲击的重要诀窍。

什么是你想收集的信息?

什么是非解决不可的事?

请先将这两个前提谨记在心,发出声音把它说出来,或是写在纸张的角落上,作为备忘录。或许,你会认为这样做好像有点儿愚蠢,也很麻烦,但如果你做了,就会发现效果真的不同。这不是用道理就能解释的,也不是在骗你,你试试看就知道。

如此一切就绪,就待我们使用"工具"收集信息!

| 工具之1 | 色彩浴 |

收集颜色、触发灵感

色彩浴（color bath）？没听过吧，它就是让自己沉浸在颜色里。

方法很简单。早上出门前，先决定"今天的幸运色"。红色？黄色？蓝色？什么颜色都可以。假如决定今天是"红色"，决定后，就直接出门去上班。

"今天路上红色汽车特别多呢！"不知道为什么，一路上，红色汽车特别引起你的注意，红色的户外广告也格外醒目。这就是色彩浴的效果。

其实真的统计起来，红色汽车并没有特别多，即使有，也多不了几个百分比。你会觉得不同，是因为你意识到"今天是红色的日子"，所以特别容易注意到红色事物。是不是有些不可思议呢？那是因为我们想看所以才看见，也就是我们从"看见"（see）变成了"去看"（look）。

这样的经验不只限于颜色，你是否也常觉得"不知何故，自己记挂的事物会突然出现在面前"？

其实我们都有这样的经验，我们经常无意识地命令大脑去搜寻我们想知道的事情。只是过去是很随意的，如今却是有意识地去搜寻。

如何使用色彩浴？大致可以分成两种方式。

一种是平时的方法，没有特别目标，只是搜寻一些对自己有用的信息；另一种则是目标明确，为了解决目前问题而寻找灵感。无论是哪一种，在上班路上、移动中，或是在街道行进时，都很有效。

平时采用这种方法时，首先要决定一项意识物，例如前面提到的"颜色"，或是其他主题均可。使用色彩浴是因为颜色最容易了解，也最容易注意到。只要决定"红色"，各种红色事物便会不断映入眼帘，即使是在家中也一样：红色的笔、红色的书封、红色的袜子、红色的盒子……走到外面也是满街的红色事物：红色的汽车、行人的红衣服、红色手提包……冬天的话，则是满街的红围巾。商业街的广告牌也以红色居多。如果有机会进入商店，准又是一场红色风暴，甚至多到让自己惊讶地大叹："竟然有这么多红色的事物……"

惊叹之余，请再度搜寻接下来会看到什么样的红色事物。我便经常在心中喃喃自语地列举各种相关事物。接下来，我就将这些具有红色共通点，超乎自己想象的红色事物作一番整理，比如袜子和火车寿司的广告牌,这在平常是绝对不会联想在一起的。

色彩浴的不可思议之处,就在于能将平时看似无关之物自然地联接在一起。光是以这样的方式逛街,就能让新鲜的事物源源不断地呈现在眼前。

回想一下前面所说的,"点子不过是既有要素和材料的新组合",既有材料虽然是重点,却也常常是陷阱。

在我们还不习惯动脑筋想点子时,能够探寻的既有要素和材料范围就非常狭窄,例如想到汽车,我们便只会一直绕着汽车周边的事物打转。

以创意维生的广告人经常遇到这种陷阱。我们会因想到"这件事与主题有关吗?"而就此打住。如果不自我设限,努力地往下想,或许创意就会冒出新芽。可惜的是,尽管我们常常告诉自己"今天绝对要有不一样的想法",但如果观察事物的角度没变,一切还是徒劳无功。借由强迫自己决定一个颜色的方式,使自己的注意力脱离平时思考的方向,是运用色彩浴的最大好处。

在平常进行色彩浴训练时,如果只是漫不经心地胡乱联想着:"是啊,红色的东西真不少,某某寿司店的招牌也是红色的,那么今天不要吃鲔鱼肚生鱼片好了,就吃赤贝吧!"结果也是白搭。

这种训练并不是要你走火入魔,反正你明天还要换另一种颜色进行。你也不必强迫自己把看到的东西都记起来，只要抱着"急用时，突然冒出福至心灵的超棒主意"的态度就好。认真试一次看看，能确实这么做就是突破，而且一定对你有所帮助。

老实说，练习初期因为觉得有趣，所以我每天都做色彩浴训练，不过现在已经没有天天做了。现在即使进行，也多半是短短几分钟或是在等红绿灯、横越200米的马路时。但尽管如此，每次还是都有新发现，即使是熟悉的店面和广告牌，也常有新品上市或更新的情况。"色彩浴工具"让我们将注目的焦点放在异于平时的细节或事物上，扩大新发现的范围。

使用"颜色"做练习总会有用尽的时候，你可以再使用"形状""位置""声音"等其他主题。所谓"形状"，像是圆形、方形、尾端是尖形……"位置"则可以改变我们习惯的视线高度。

有趣的主题之一是"天花板"。天空、电车的车厢、房间的天花板，你记得它们长什么模样吗？坐电车上班时，试着想想外婆家的天花板，木板上浮着各种类似动物模样的图案，不过，如果你一边想，一边不由自主地窃笑，可是会吓坏一旁乘客的，这点得多留意。

还有"声音"的工具。信息不一定都要用眼睛看，有时可以是"用手摸的""用鼻子闻的"等，以五种感官收集。以眼→耳→鼻→手→舌的顺序收集情报，许多信息的距离就拉近了许多。

（不过上班路上，可不适用舌头作为帮助思考的工具吧！）

我们也可依"场所"进行运用，例如在百货公司进行，就颇为有趣。

练习的方法也一样，决定颜色后，便从最上层开始往下走到地下楼层。百货公司的好处就是商品种类很多，当然有些楼层又分男性、女性，如果觉得不好意思，找异性朋友一起逛就不会紧张了，或者告诉自己是来"买礼物"的，心情就会放松许多。百货公司还有一个好处，就是设计精良的东西特别多，在此收集信息往往可以得到不错的灵感哦！

至于大型购物中心，也是不错的地点，不但专卖店多，种类也很丰富。下次还可以到一些过去没有机会进去的商店或卖场试试看。

书店也不错。小说、商业丛刊、漫画，不再用过去常用的分类，可以试着用颜色重新观察。你会发现，即使是一本书，也会让你惊叹道："原来还有这样的东西啊！"快速地逐页翻阅，脑袋里的信息储存库也会瞬间扩大好几倍呢！

做练习其实颇为费事，因此你需要将它变成游戏，或者变成能说服自己的理由，才不会半途而废。

我最近深刻体会到，在想点子、构思企划时，"替换""理由"和"一点点的强制力"就可以变成很大的力量，而巧妙地运用这种力量，不但能帮助自己跨越心理与生理的障碍及限制，还能降低想象的门槛和困难度，而这正是最重要的。

言归正传，当没有紧急事件时，以游戏的心情收集资料当然很好，但如果今天下午一点得交出五件企划案，却只有两件有眉目时，该怎么办？色彩浴在此时也可以发挥效用。

基本上，方法是相同的。

早上出门前，先决定今天的关键字。平时顺着自己的心情决定没关系，但今天总有点不安，最好能选定三项与工作课题有关的主题。如果你得替有关减肥的书想出销售方法，就可以选择"当成书名的文字""书的封面颜色"，以及想象瘦身后的自我模样——"像根木棒似的细长之物"等来命题。

想到的内容，或许无法正面解决问题，但是色彩浴的好处，就是能将看似不相关的东西，以颜色串连在一起。因此，稍微跳远一点儿，从"颜色"或是"标题的一部分"来收集资料，你会有意想不到的收获。当然，这里又依个人的不同需求，而需要作些调整。

出发吧，然后你会不可思议地发现，眼前出现了许多能激发灵感的事物。这些讯息不论是好是坏，也不管是否有意义，都请全盘接受。因为我们无法立刻判断它们是不是能带给我们灵感与突破，所以先全盘接受，不要自以为是地以是否可行评判，将它

试着以"绿色"练习色彩浴

某个星期天早上,从涉谷的后街走到南青山。(○起处是绿色)

只是一般的垃圾桶吗?当然不是!请注意"垃圾投入口的设计""缝隙""材质"等,可收集的信息好多好多,绿色是关键点。

至少有五处绿色。原本是没有关系的事物,因为绿色而瞬间产生关系。

在东京有西宫的车号。可以是个有趣的点子。

初体验,原来空罐的运送方式是这样的。

载物架上的空罐烟灰缸也是绿色的。

明明是"儿童城",却有大人的健身中心。

指甲美容,为什么过去一直都没有注意到?

涂鸦里出现了可以使用的素材。

们过滤掉。记得先扩散、再集中。这个原则与搜寻信息的阶段一样，不用理会是否能用，因为那是下一阶段的事，目前只管收集信息。

那么，收集到的信息又该如何处理？我们在第三章会有详细解说，基本上就是将"组合"发挥得淋漓尽致。色彩浴是用来收集组合时所需的大量材料，我们常听人说："街道是信息的宝库"，然而不懂得如此寻宝也是枉然，而挖宝的最佳利器，无非就是"颜色"，请尽早尝试。

工具之2　隔墙有耳

间接的街头访问，将心声变成素材

　　运用"色彩浴"这一工具主要是掌握映入眼帘的信息。在城市中，由眼睛所收集到的信息，大部分是不特定的景物或现象。接下来，我们就要使用"耳朵"这个工具，收集与个人生活密切相关的信息。

　　隔墙有耳法，听起来似乎颇具争议性。

　　例如我们坐电车时，总觉得有些人说话很大声。很多时候，我们真想捂住耳朵大叫"吵死了"，但下次请你敞开胸怀，倾耳听听他们在说什么，或许真有些商界人士在交换秘密情报，但我们这么做的目的，并不在于获取什么内线消息。很多人为了获得灵感，而希望能"和某某人讨论"。这是非常正确的做法，有时和某人讨论后，所获得的信息确实都能派上用场。如果有不懂的地方，也可以直接发问。不过这种做法需要充裕的时间，我们无法每天每夜都拨出时间来找到对的人，跟他讨论。这时最好的办法就是善用耳朵倾听，也就是所谓的"间接访谈法"，能听就听，随时竖起耳朵接受信息。

首先，我们可以知道最近有什么热门话题。坐头班电车清晨才要回家的两位上班族闲聊着："有机会和大家一起讨论真好，这又让我冲劲十足……"，这是多么严肃的话啊，不过，"大家一起聊聊，冲劲油然而生"这句话好像是个不错的切入点。

或者听学生们聊着："你去过某某地方吗？""昨天晚上的电视节目……"等，这些都是我们了解消费者行为的最佳市调场所，听到的都是消费者最直接的心声。

虽然我们常说"顾客第一"，但脑中却逐渐忽略具体描绘顾客模样的重要性，像是长相、声音等。我们常在事前想象什么样的人会购买我们的商品，结果却经常与事实有很大的出入。实际使用者提供的意见，带来的启发与灵感最多，因此人们常说"要倾听顾客的声音"不是吗？

在广告公司常用的调查里，有一种"座谈会访谈法"（Group Interview），就是邀请五到八名实际使用的消费者，由主持人询问大家问题，听取消费者的意见。但这样做需要大费周章，因此就把这项工具当作是简易的座谈会访谈法，说不定比座谈会的方式更能够听到消费者真正的心声。

例如想了解年轻人的趋势，与其阅读调查出来的数据资料，不如亲身接触，这样获得的感受要更直接、深刻。我们会瞬间感到："啊，真的造成话题呢！"虽然有时听到的只是少数人的意见,不过自己的亲身体验总是无可取代的。

其次,请注意说话者的用字遣词。通常办公室坐久了,会对一些新的词汇感到生疏,即使书面资料告诉我们"现在流行×××这句话",但我们还是听不到这句话说起来的语气、声调,要连影射的含意都能亲自体会,才有说服力。

同样的,在咖啡厅或是餐厅里,竖耳倾听也很重要,尤其是在家庭式餐厅,这种男女老少聚集的地方,更要把握机会。当然,想点子做企划和特定的目标对象有关,如果是一般的商品,就把这些人当成是"潜在的消费者"来进行信息收集。根据我的经验,即使是深夜一点,也曾见过一个人在餐厅吃饭的老太太,或是像在等人的顾客。于是我就观察他们等待时都做些什么?靠什么打发时间?甚至想象他的职业,简直就像福尔摩斯一样。博报堂将消费者称为生活者,于是我便如此任意地揣测生活者的各个生活面相。

有时在居酒屋也能听到爆炸性的内心告白。

"××部长根本就不懂××……"这样的对话几乎要掀翻了屋顶,尽管我自己其实也快要发类似的牢骚,但无意中听到别人同样的说法,还是很震撼。

最近有许多企业为了再创公司内部活力,积极推进相关改进方针,而居酒屋里的这些人,全部都是顾客,而且是顾客的大集合。要想出公司内部的政策、了解政策的极限何在,到这边来收集信息就对了。

用耳朵收集信息还有一项最上乘的功夫,那就是成为一个"会倾听的人"。换言之,就是必须具备一流的提问技巧。如果运气好,找到一个愿意和你聊一聊的人时,这项技巧就得派上用场。问话是一项高深的技术,原本应该扮演倾听者的我们,却常常滔滔不绝地发表高论,这种情况又以点子多的人最严重。

《高效能人士的七个习惯》(*The 7 Habits of Highly Effective People*,Stephen Covey)这本书介绍了许多有关提问的技巧与效用,简单明了,各位可以试试。

倾听他人说话还有一项功能,就是可与他人分享他的生活经验。

所谓"对工作有所助益的点子、企划",并不只是为了服务自己。顾客、股东、从业人员、地方上的人士……这些人才是主角,甚至不只是国内人士,还包括国际性的对象。

我们常因工作需要,必须急速扩大服务对象,但问题不在于我们能否跟上如此变化,有很多事尽管我们知识丰富,却无暇以身体或感情去细腻地体验、了解。因此,暂时分享他人的感情或经验,对我们扩大思考范围极有帮助。就像在色彩浴中所提及的,其实在日常生活中,还有许多事是我们不知道或没注意到的,其差异只在于我们看事物的眼光而已。

能帮助工作顺利完成的工具，其实近在咫尺。

只要稍微举目四望、竖耳倾听，一切将有所不同。千真万确，只是一点点的改变，却会带来意想不到的效果。

工具之3　小小备忘录

人是健忘的，想到什么就记下来

色彩浴、隔墙有耳，这些是帮助我们从身边获得灵感、构思企划的工具。目前这两个工具都是免费的，而且应该也不是很麻烦的事。

接下来是第三种工具——小小备忘录。

人是很健忘的，很多事一转眼就忘记。今天早上做的梦，出门上班时就已经完全忘光。从眼睛、耳朵、鼻子等获得的想法，除非是高度紧急事件，否则通常一转身就忘记了。

怎么办呢？

请将它记下来。

我指的不是巨细靡遗的严谨记录，只要轻松地、随意地、不费事地记下来即可。写在哪里都可以。笔记本、记事手册、手机、手上的报纸、看过的书的空白页、手掌上……任何地方都可以。

连写在手掌也可以，那又为什么要写呢？这是因为我经常事后想使用时，却找不到当初所写的小纸片。此外，还有一个意义——为了"动手"。只要用手写下来，通常都会留下印象，也容易想起来。记下来也不是说要写得多仔细、多正确，只要记重点即可。将记下的小纸条夹在记事本里，放在书桌上，必要时放在最显眼的地方提醒自己。

写备忘录的方式因人而异，不过简短的备忘录最有效。有些备忘录只有一句话，但是光看这句话就能把当时所有的想法都引出来。你是否也有这样的经验？因为一句话，刹那的回忆，便如潮水般涌来，历历在目。

如果想不出来，就到此为止。

目前派不上用场的点子，就放弃它。我的抽屉里充斥着无数陈旧的备忘录，有的甚至潦草到连自己都看不懂当时写了什么，不过这都没关系，就当作无缘吧，放弃就是了。

而且有时会发现，原来同样的事情，自己已经写了好多次，记性还真是不好呢！但也不要泄气，就把它当作"一定是很重要的信息"来鼓舞自己。

备忘录的效用，就是将脑中的想法整理出来。在记录想法的当下，你是否会感到自己正在处理脑中突然涌现的巨量信息呢？

当你灵机一动时，各种念头就从四面八方涌出，但是你不一定能立刻理出头绪，这种情形很像未储存在硬盘里的大量数据。这时，只要我们动手将这些模糊的念头一个个记下，一些不完整的想法也会逐渐清晰起来，甚至只要某个契机，有些只写了最粗略起头的纸片，也能将沉睡中的记忆逐一唤醒。

小学时，我们学写字，虽然觉得痛苦，但还是一遍又一遍、一笔一画地练习，觉得这样做才能经久不忘。近来，用图解方式整理信息的方法备受瞩目，但写备忘录却仍停留在原点。动手做还是有意义的。

写备忘录也有上乘功夫。

就是要善用图像、绘画的要素。一般人都是用文字做备忘录，下次试着用绘画的方式做做看，而且不要担心画不好，因为又不是要给别人看。

或者也可以用绘图与文字并用的复合型备忘录。一旦你习惯用视觉方法捕捉事物之后，真的有莫大助益。第四章将介绍把点子整合成企划的考具，会提到"用图画思考"，这对想点子、构思企划案非常有帮助，因为它能轻而易举地掌握事件整体样貌。

以语言来说，有很多表现方式暧昧不清。既然是要找出"做什么"（WHAT），那么暧昧不清就是大敌。用字清楚、语意却混沌不明的备忘录是没有用的。

说到这里，我们顺便来用笔的颜色玩游戏。大部分的人都使用黑色墨水的笔，当中应该也有人使用三色圆珠笔。为了使记录更色彩缤纷，用多色笔工作是件很快乐的事。

说真的，我们在想点子时，准备十支同色的笔，不如准备十支不同颜色的笔，更能带来新的刺激。我时常想，备忘录应该包含各式各样的要素。

尽管程度有限，但备忘录有备忘的效果。为了能养成更轻易激发各种点子的习惯，我们对于写备忘录的方式也要下功夫，只要不是无理的要求，都要想想。

这样说或许不易理解，因此我在此野人献曝，将自己的备忘录拿出来当例子，请各位参考（见第54、55页）。

看起来乱七八糟的备忘录，最后却能形成点子，具体实行，我自己也觉得很不可思议。

【小小备忘录】

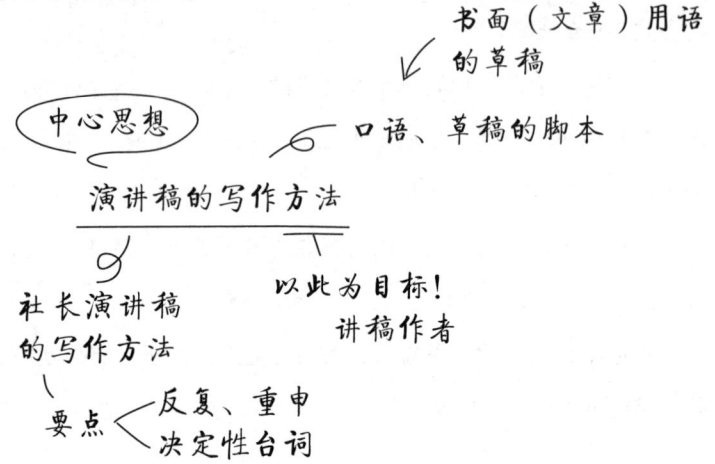

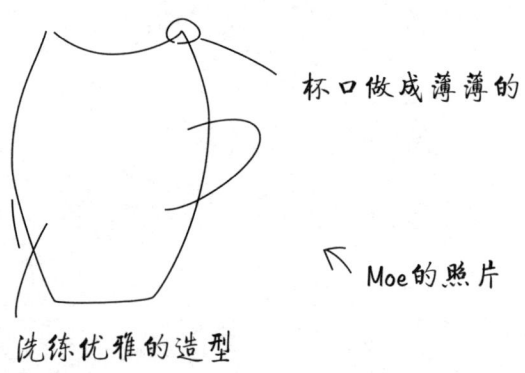

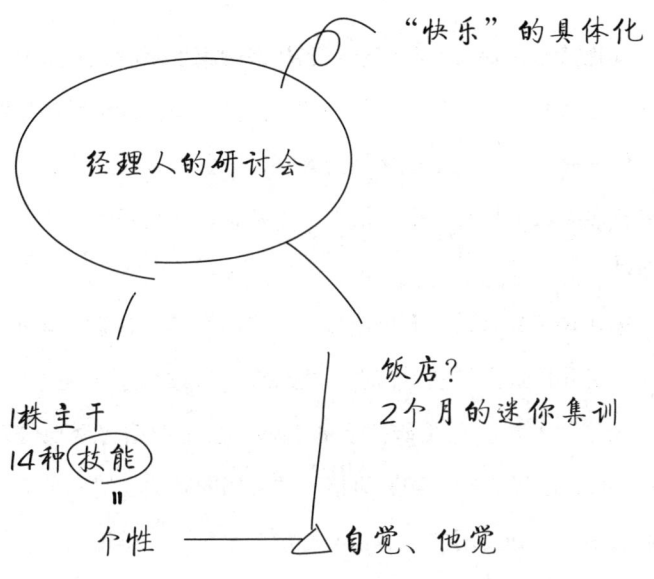

读者恐怕不明所以,不过只要写的人知其然就好了。

工具之4 　七色鹦哥

专业替身演员兼小偷，每个人都有不同的世界观

知道《七色鹦哥》吗？这是已故漫画家手冢治虫先生著名的漫画（讲谈社）。七色鹦哥是位替身演员，却在剧场里偷东西，故事中还有一位一直在捉拿他的警察，这部漫画曾经以各种美丽的名称多次搬上舞台。而所谓的七色鹦哥，就是指演技精湛的优秀演员。

第四种工具就是"七色鹦哥"。我们学习的对象是演员，就是要演演看。但是在想点子时，"演演看"指的是什么呢？

无论是上司，还是研讨会的老师，总是循循善诱地告诉我们："要站在顾客的立场看事情""要用顾客的心情思考"。我之前也多次提到要用"生活者的心情想事情"，虽说只是"想事情"，但只是"想"，真的就行得通吗？还是努力了半天，终究"无法想象"？

道理我们都懂，但为什么我们就是无法转换成他们的心情？

这时候运用"七色鹦哥"这种工具就是最好的方法。如果我们能如同演员般地驱动我们的身体，将会惊讶地发现，真实的

感受涌上心头，许多感觉就这样掌握到了。请将这种"如实的感受"维持一段时间。就像看完小马哥（《英雄本色》中周润发扮演的角色）的电影，每个人走出影院时，都宛如黑道大哥般威风凛凛，就是这个道理。

例如现在我们要开发"卖给十岁儿童的商品"，因为大家都曾当过十岁的孩子，所以应该只要回想当时的心情就可以了。然而，实际上却是什么也想不起来，而且现今环境也和过去截然不同。那该怎么办？

试着蹲下身来，变成身高140厘米的十岁小孩！

你的视线全然改观了，世界也完全不同。

你的手和脚都变短、缩小了。是不是有些东西的把手根本抓不到呢？脚下的空隙是否太大？指示用的广告牌位置、角度，是否看得清楚？

这并不是说只要我们蹲下来，就真能回到十岁的时候，但这么做，总会为我们带来一些启示。许多我们过去没有注意到的事物，也会突然间变得清晰可见。

或者假设自己是柜台人员，要如何掌握在此等待的宾客心情？于是，我们向柜台的相反方向移动，然后坐下来看看，动一动身体，我们将体会到一些只有身体才能体会的事实。

我想，大概有人会不以为然地说，这太简单了，但真能这样去做的人却很少。想必这是因为在我们"思考"的概念中，通常不包括"用身体实际行动"这一部分吧！然而实际上，我们常常做类似的事，好比某某车站的阶梯设计不良，或者遇有其他不方便的情况时，你总是会站在客人的立场，做各种的设想。同样的，对于自己的商品或业务，也可以用同样的方式做做看。

在槙原敬之唱的《你的脚踏车》这首歌中，曾经提到"昨天夜里大争吵／你就这样跑出去……"平常都是骑脚踏车到家里的女友，那天一怒之下，忘了骑车就走了。男主角没有调整龙头的高度便骑女友的车到她家。于是他唱到"我骑你的脚踏车／想要去见你／有点儿不好骑／但我没有调整高度"，第二段则唱到"我骑你的脚踏车／第一次了解到／在膝盖弯曲的世界／抬头仰望我的心情"，这就是七色鹦哥的意思。

借由这种心情与行动所获得的感受是很重要的，请善加珍惜。"小小备忘录"是说明动手记录的重要性，本章重点在于要用整个身体去感受，必要时，更要发出声音讲出来。

你知道《花钱有理》（*Why We Buy : The Science of Shopping*，Paco Underhill）这本书吗？这是美国实践派顾问所写的畅销书。他在他所服务的客户商店内装了数台摄像机，以便观察消费者的购物行为。透过摄像机，开发出了解顾客心理的新方法。日本博报堂生活综合研究所在进行生活者的生活行动调查时，也曾派调查员一整天跟在受访者家里进行调查。这些实际的观察，也是一种拟真体验的手法。

只是如此的做法，不但需要金钱，还需要时间，而什么都没有的我们，又该怎么办？

那就自己一人分饰多角，同时扮演小孩、大人、老年人试试看。

某家超级市场曾从顾客的角度对店员进行模拟训练，其结果让店长感动万分。因为他从顾客的角度，才发现收银员的心情与辛劳，于是公司的高级主管、董事都纷纷参加这个体验训练，也进一步加快了公司经营改革的脚步。

另一段超级市场的佳话，则是发生在爱尔兰的"超级皇后"（Super Queen），该超市董事的义务之一，就是每个月要实际去购物一次。

汽车业界的朋友也经常租竞争品牌的车来试开。如果从事的是与银发族相关的工作，就会时常放慢速度在街上漫步。不同业界有不同做法，但重要的是，要尽可能去模拟、体验不同的立场与定位。如此，一定会有丰硕的收获。

事实上，每个人都擅于"扮演"。有许多事，只要实际去演练，就能懂得其中的道理。向七色鹦哥挑战看看！你将能更深入地挖掘到各式各样、精彩丰富的"要素与材料"。当然，你的点子也就会愈发有创意且与众不同。

| 工具之5 | 影像阅读法 |

书和杂志是灵感的藏宝箱,赐予我们最钟爱的宝石

书和杂志是信息的宝库。即使是电视节目的制作人,也会阅读印刷媒体,作为企划参考。何况商业社会的文字处理特别多,光是文件的往返数量便大得惊人,近来电子邮件更是暴增。如果你的工作需要动脑想创意,那更是无法避免阅读这件事。

印刷媒体是巨量信息被编辑整理的成果,以容易吸收、一目了然的形态与我们见面,可说是一等一的FAQ(常见问题)集锦。尤其图书是作者倾注心血与知识的产物,可说是效率极高的信息来源。而且报纸杂志与一晃即逝的电视影像不同,没有播放时间的限制,再忙我们都可拥有它。

尽管如此,书报杂志的数量还是太多了。在日本,一天约能发行200种新书、4500种杂志,这些我们不可能全部看过,即使心有余也力不足。

我想不少人有此烦恼,因此最近日本的速读补习班门庭若市、生意兴隆。如果我们的工作需要经常想点子,那么如何将大量的印刷信息变成我们的知识,并加以吸收运用,便成了一大

课题。

　　这个问题我们可以用"影像阅读法"（photo reading）这种工具来解决。"影像阅读法"结合了专业的速读方法，由日本的营销学者神田昌典引进。尽管速读的方法很多，但就我个人经验来看，还是认为这种方法最为容易。

　　对速读有兴趣的人，还可以详阅《十倍速影像阅读法》（*The Photoreading Whole Mind System*，Paul R. Scheele）这本书，书中的两大要点为："改变读书的定义"及"活用右脑思考"。

　　然而对喜欢阅读的我来说，"改变读书的定义"一项，却带来莫大的冲击。作者认为，一本书对你有意义的部分只占4%—11%，因此所谓的读书，就是找到那必要的部分并进而变成自己的知识。如果你是为了追求事业成功而向书本求取知识，那么掌握这点不就足够了？

　　我恍然大悟，原来是这番道理，所以才能快速阅读。因为工作不得不阅读的书，或是因有点儿兴趣而阅读的书，确实只要照这个说法去做就可以了。换句话说，有些书没有必要从头读到尾，只要挑对自己重要、必要的信息阅读即可。

　　这种说法听来似乎颇为乏味，但或许还可以将它运用到文艺小说类上。当然，影像阅读法的重点不是在掌握多少百分比的内容，而是要概要性地、迅速地确实掌握作者的主张和观点。

至于活用右脑，乍听之下好像很传统，其实就是运用影像阅读法，将书翻开的两页文字，以"图像"的方法读取。阅读时，如果是文章，就会输入左脑，但如果将两页文字当成图像，就会输入专司图像的右脑，这就是此种方法最大的特色。如此一来，阅读一页仅需一秒钟，以本书为例，只要四分多钟就处理完了。但一开始我们就必须清楚设定，自己希望能从书中获得什么？我想问作者的问题为何？

利用影像阅读法所获取的资料不要急着整理，先搁置一个晚上，再将昨晚找出的、对自己重要的信息，快速浏览寻找，这样的动作可以重复进行。做过影像阅读法的资料先暂时搁置，等一段时间后再继续进行，是此方法的特征之一。

影像阅读法对我特别有用的是，可以一遍又一遍、不断地将全书浏览而过。过去看书，常常从头到尾只看一遍，且整本书看完后几乎什么都不记得了，但现在可以一次又一次地翻阅，找到自认有价值的情报几率提高了。

习惯运用这种方法阅读后，甚至能有让自己记得某些话出现在哪本书里的惊人效果。因此，我要在此特别强调浏览很多次的重要性。

利用这种方式，阅读100本以上的书也毫无问题。喜欢书的人，可能会认为非得从第一页读到最后一页不可，但影像阅读法以全页作为图像读取的方式，将书先看过两遍，即使是本无聊的书，这样做也充满了成就感。

以寻找对自己有用信息的态度来面对一本书，乍看之下似乎是一种很自以为是的阅读方法，但这么做确实能将你所看到的东西变成知识，你只要亲身一试便能明白。速读法的方式琳琅满目，甚至还有教人如何运用眼球的转动等。这里，我介绍的是最简易进行的一种，也是目前对我而言最重要的工具之一。

【影像阅读法】

不是茫然地阅读,而是先将目标设定为"寻找对我有用的信息",然后一边翻阅书本,一边搜寻重点。

准备
①清楚了解"读书的目的"
　※从这书中我要得到什么?
②使自己集中精神

▼

预习
①"翻阅"书籍,寻找"关键字"
　※原则上,从整体开始再到部分。
　※寻找符合目的的关键字。
②再次检讨要不要读
　※真的有必要阅读吗?

▼

影像阅读
①进入"集中学习状态"
②将书本以"影像焦点状态"的呈现图像全页读取
　※前后几次确认,保持肯定的态度。

▼

活用
①一边复习,一边问自己问题
　※影像阅读后,快速寻找本书的关键字,并试着向作者提出问题。

(之后,花20分钟到24小时,让信息在心中成熟)

②超高速浏览与翻阅
　※相信自己的直觉,找出有必要详读的地方。
　※必要时多做几次。
③制作心智绘图
　※将自我的理解转换成一目了然的形式。

▼

高速阅读
①自在地调整速度,一口气读完
　※自己不需要的,就要快速略过。
　※必要的时候要降低速度慢慢读。

| 工具之6 | 临时记者 |

现场采访，并能深入浅出地加以阐明

如果你所面对的课题具有特殊性，有一项技能绝对不可或缺，那就是和该课题有关的专业知识。

专业知识不是在街上逛，或是到餐厅偷听生活者讲话就能获得。好的企划，往往是将业界及课题的特殊状况，与一般性的信息巧妙结合所产生的，光靠某一方的信息，并不足以解决问题。

然而，越是了解业内之事，就越像业内的人，最后往往当局者迷，反而身陷其中找不到出口。很多时候，对业内而言理所当然之事，从外行来看，却深具冲击性，因此尽管必须深入了解业内的专业知识，却不能受其影响，这就是对待专业知识的难处。

何况，专业知识并非一朝一夕就可获得。看到厚厚的一本专业书籍，专有名词像山一样高，就让人不知从何下手。而且往往时间紧迫，交企划案的期限近在眼前，该怎么办？这时我们便需要一种简便又能快速吸收专业知识的工具。

那就是把自己变成临时记者，为寻求解决问题的线索，到现场实地观察、取材。

首先，让我们直奔"现场"。哪里是你课题的现场？如果是要企划促销方案，那就到卖场；如果是要改善生产流程，那就是工厂。所谓百闻不如一见，如果你的课题是某种商品广告创意，就实地去看那项商品。

自己实际感受后产生的记忆、知识，往往是激发好创意的催化剂。尤其是专业知识，亲自去看、去听、去接触，自然而然就会产生心领神会的想法。

光是到现场走走，就能产生惊人的效果。就像悬疑剧，负责侦办的刑警和律师到了现场就能嗅到真相的线索。你或许会想："这该不是当真的吧！"但这么做自有其道理。无论如何，请你到现场走走，发挥你敏锐的感受力吧！

到现场的下一个动作则是"就地取材采访"。如果有可以咨询的人，请把握机会，彻底采访所有能够解答问题的人。通常，只要从顾客的角度发问，就能轻松挖到宝贵的资料。

所谓取材，就是发问。因此要尽可能"不厌其烦""追根究底"地问下去。想象一下记者会时，那些锲而不舍、穷追不舍的记者们，虽然我们的功力不及他们，但也请务必不断地追问下去，而且记得要边赞美边询问，因为赞美有激励作用，会让受访者更乐意回答。

要把事情视为切身的课题，"解决课题是我的责任"，抱持这样的观念去采访，就会越问越带劲，这是采访的诀窍之一。如果不好意思问，怕自己问的问题太幼稚、太外行，就算事后后悔也来不及了。

总而言之，请务必努力仿效记者的专业精神。新闻记者永远抱持"新闻＝NEW＋S"的观念，不停追问，而且专问一些自己不懂的东西。因为不懂，所以问得仔细，然后再将采访得来的信息、照片，整理成易读易懂的文章，辅以图表、照片说明，因此也不容许文章中充斥各种艰深难懂的专门术语，一定要写到连中学生都看得懂的程度，这才是我们要追求的精神。

广告公司也近乎如此。我们的工作就是将艰深难懂的专门用语，重新编辑改写，传递给毫无所知的生活者，并希冀引起他们的兴趣。

要做好这件事，唯有"实地采访"。当我们去拜访一家企业，他们的商品我们从未使用过，而客户告诉我们这产品具有类似"××式Next funking机能"等我们完全听不懂的专有名词时，请不要碍于面子而假装听得懂，要老实且不耻下问、追根究底地问，直到自己真正了解。

"举例"和"比喻"在这时便派上用场。当我们阅读报纸时，会发现里面有许多举例说明，不仅常见于运动版面上，政治版上的插画也是一种比喻。这是为了让读者对没有亲眼看见的事情，也能在脑海里形成真实景象，所创造出来的一种"虚拟实境"。

采访的内容，如果以身边发生的类似事件作比喻，也会有助于说明。例如个人的嗜好、习惯、中学时做过的事，用生活上的经验来理解新事物，是最容易进入状态的方法。

另一项采访技巧则是"分析"。整合过后的文章或报告能让人一看就懂；相对的，也容易流于表面化，不够深入。如果将其细细分析，将会得到更多可运用的要素。

担任企管顾问的人士善于分析事物，从中寻找问题的症结所在。而前面所强调的"选择"与"集中"，同样需要分析才能实现。证券分析师需要巨细靡遗的数据，才能洞察先机，做出好的判断。医生同样也需具有分析的能力，才能从病人模糊笼统的描述中，了解疾病的成因是胃不好，还是肾不佳。

每位客户看到估价单时，一定会问"报价的细目"，也是基于相同的道理。

采访、仔细倾听他人说话，有许多功用。

首先，它能帮助我们在将点子变成企划时，思考的素材更多样化，并且能帮助我们辨别创意的可行性。

其次，能减少轻率的举动。例如我们企划一个提高员工共识的企业内部公关活动时，员工的工作负荷量是一个重要的考量因素。而我们必须对现场有所认知，才能决定其负荷的标准。拥有现场的知识，才能落实成好企划。

了解现场作业，让企划更具说服力。

我们在做企划时，一定要时时想着执行时的现场，以及实际负责执行的相关人员，才不致使企划流于空论，也才能使企划产生脚踏实地的力量。

提案时自能产生非凡的魅力，这是因为我们所讲的话说服力强，使对方难以反驳。一旦我们在提案时使用各种例子，将企划推动后的情况具体陈述，让听者产生想象空间，仿佛真的见到实行时的现场样貌，事情的推进就简单多了。

成功的提案就是通过清晰的阐述，让无法眼见的世界具体呈现、引起共鸣，令双方拥有相同的蓝图。如何做到？"举例"和"比喻"正是共通的语言。

最近企业界有个趋势，许多公司的管理层又回到工作现场，实地了解与收集公司员工的意见，由此可见"采访"的重要性。

再怎么忙，也要到现场去！去采访！去收集资料！

Chapter3

展开、展开、展开!
——延伸创意的工具

在前述两章所介绍用来收集信息的工具中，不知你是否找到了合适的方法？从第三章起，终于要进入想点子的部分了。

本书既然是为了帮助思考创意、创造点子而写，自然有许多篇幅着重于如何产生点子。不过，一如前面提到"点子就是既有要素和材料的新组合"，因此我们将创造点子的过程分成两个阶段：

1. 收集既有要素和材料；

2. 组合成新点子。

将此更进一步分解，即是要进行以下四个动作：

1. 平时养成收集素材和信息的习惯。

2. 吸收目前课题所需的特殊知识与必要信息。

3. 将脑海中可用的素材提出。

4. 将提出的素材组合成新点子。

值得注意的是"平时养成收集素材和信息的习惯"与"将脑海中可用的素材提出"两部分。

如果我们平时不一点一滴地累积知识，等到需要用到的关键时刻就会陷入无素材可以组合运用的困境。毕竟你无法在脑袋一片空白，没有什么素材可刺激、运用的情况下，突然灵感大发，想出好的创意。

我认为目前市面上有关"创意"的书多半没有提及此点。第二章中所介绍的考具，就是为了让我们能获得第一个动作与第三个动作的工具。其实，即使不使用我所介绍的工具，或许大家也有许多其他的工具可以帮助你获得创意的素材，毕竟我们在这世界上生活了二三十年，拥有各式各样的记忆，一定有某些素材能触动你的心，产生有趣的点子。然而我认为，光是这样还不够，我们还需要最新的信息，以"自我的观点"去收集素材，并借此激发创意灵感。素材就像寿司料理店采办的食材，是决定胜负的关键，如果怠慢疏忽，紧急的时候只能徒呼奈何。

筹办大型活动时，有条金科玉律是说"八分规划、二分现场"，意指活动成功与否，八分靠事前的规划，而现场的执行只占两分。如果八分的事没有做好，执行时再怎么努力补救也是有限。因此，平时就要储备素材。

当然，如何将储备的素材提出运用也是关键之一。

即使已养成使用色彩浴的习惯，即使发现新素材时的印象多么深刻，人们也并非随时随地都记得这些信息。忘记是很自然的事，仍然需要依赖事后的回想与提取运用。

因此，我们需要工具来帮我们将储存在脑中的素材提出运用。

当思考遇到瓶颈、想不出东西的时候，如果有个机制能够半强迫地给头脑一些压力，将埋藏起来的记忆唤醒，然后在心中形成信息清单，帮助我们一步步找出素材，这样就轻松多了。

只要思考的过程变得轻松，你就会突然间文思泉涌，好点子源源不绝而来，甚至无须使用任何工具来辅助你。

此时，"顺其自然"是最佳方法。如果硬套工具，反而限制了头脑的运作。因此，工具只是在初期欲打开困境之门时的辅助工具。多使用几次，头脑便可自动运转，不应为了使用工具反而作茧自缚。

到了那个时候，你会惊讶地发现，原来自己的脑袋里蕴藏了这么多的创意，而工具只不过是用来帮助自己提取出灵感的工具罢了！至此，你也会发现，你已经是个十足的创意人，能发挥惊人的可能性。

工具之7　点子素描（手写版）

既然是草稿，就不是给别人看的，也不要怕浪费纸

当各种点子素材在脑中发酵时，速度和弹性最重要。因此，我建议初期先不要使用电脑，最好用手写的便条，或类似画图的草稿，在纸上将各种粗略的点子写下来。

准备一张纸，但不是钉成册的笔记本，或是有横线条的纸，因为这时写在纸上的是点子而非文章。因此也无须从左上角开始写，甚至不要从左上方开始写。

接着是文具。不管是圆珠笔或铅笔，只要流畅好写、不会阻碍思考的，都是好工具。

在"工具之3"的内容里曾提及，做备忘录时，最好使用多种颜色的笔。以我为例，我主要使用的是钢笔，再搭配油性签字笔、水性签字笔、0.7笔芯的自动铅笔等，视当时的心情而定。有些人还会选择不同粗细的笔。总之，准备工具全凭各人喜好。

接下来将点子写在纸上，进行点子素描（idea sketch）。如何开始？悉听尊便。不用征询他人意见，请先将自我完全解放。

所谓万事起头难，写文章初期总不好下笔，所以我们先从形

状或场景的想象开始。现场会是什么感觉？参加者的状态、商品的包装等，一旦你能在脑中描绘出某种图像，就比较容易激发各种点子。如果连自己都无法想象点子的实际模样，要将点子具体呈现就有困难了。

下面举个例子，如果课题是提出与经济形势好转有关的创意，那么我会这么做：

首先，"经济形势好转"这样的主题太过抽象，于是我便开始想象，列出各种经济景气的具体例子。

例如："经济形势好转就是——开心打开薪资明细单的我"。

再从这里延伸出各种想法。

"薪水领现金，会更开心吗？"→是，再往下走。"薪水付现，禁用银行转账"→完成第一案。

"今天开始春斗①。如果劳资双方谈判的方法更有趣，该有多好。"→是，于是第二案出现，"劳资双方的谈判规定在外面的餐厅举行"。至于这方案与经济形势好转有无关系，则是下一步的问题，现阶段不用处理，也不要到此停顿下来。

"在外面？像长野县县长田中康夫那样坐在车上？"→是，

---

① "春季斗争"的略称。1955年以来，日本全国劳工组织于每年春天举行的共同抗争，旨在提高劳工工资，为日本独特的劳工运动。

第三案便是"车上劳资谈判"。此时的联想已越飞越远，还是一样不要管它，先把想到的全写下来。

"想到完全不相干的事：今年过年去了两座庙拜拜。不论哪座庙，大家都在祈求经济复苏。那么，如果大家一起来拜拜，会如何？"→是，第四案"举办全国神社寺庙一起祈求经济复苏大会，包括伊势神宫①！"，虽然伊势神宫①根本不可能，但还是将它写下。

一起？就像满天飞舞的樱花（此时正在看电视）……啊，松井②进入美国扬基球队（我边想点子，边看电视），对了！为何不按照棒球比赛的赛程那样制订行程，从北到南一天一座寺庙地举行下来？→和第四案很像，但无妨。"经济复苏祈福大会／全国巡回举行"就是我的第五案。

以上是我的示范。总之，不论点子好坏，精彩也好、平庸也罢，都要将它写下。

在点子一个接一个浮现的短时间内，为了明天的提案，我们要拼命地回想、提取、运用过去以色彩浴、七色鹦哥等方法所收集到的素材。

---

① 位于三重县伊势市，皇室的寺庙，正式名称为"神宫"。——译者注
② 松井秀喜，日本著名棒球投手及打击手。2002年以50只全垒打、207打点获MVP（最有价值球员）奖，同年加入美国扬基队效命。

"点子不过是既有要素和材料的新组合",因此尽情地组合吧!加、减、乘、除,好好运用,而且不限定只用两种素材,只取一部分或全部使用,只要认为它们能够和这次主题结合,都可以自由运用。

发散性思考的写法也有很多种。右页即是其中一例。

将点子标题大大地写成一行。

单字、词组或是插画。

最好不要写超过三行。

自己看得懂就好,怎么写都没关系。

这样的方法没有做过?这样好吗?这样才好。有赖这样的工作模式,我才能顺利推进各项计划,这可是我们未公开的幕后工作方法呢。

这是个人的偏见,但我认为,大部分的人对"写东西"这件事怀着崇敬的心态,觉得非正襟危坐不可,不允许随便马虎,字也要写得工整漂亮。在我进入广告公司工作之前,我也有这种先入为主的观念,双亲、学校也总是告诫我们要节约用纸,不可浪费。

然而在想点子时,这样的习惯却是一种限制,阻碍了我们思考,因此我们务必先改变这样的观念。如果顾及环保,可以使用再生纸或影印纸的背面,我就是这么做的。

【点子素描】（手写版）

车上劳资谈判

G.长野县

○ 脱鞋子
○ 没有上位下位之分
○ 打开天窗说亮话？！

薪水禁用银行转账！

薪水付现！好高兴！

一起举办！
经济复苏祈福大会。
（神社寺庙）

○ 日本全国的庙宇神社
○ 同一天一起举行
○ 包括伊势神宫！！？？

现在开始，就将你的点子素描写下来看看吧。

另外，请注意：好点子不是一开始就有的。刚开始时，你可能会认为自己很笨、很差劲，尽想些无趣、上不了台面的烂点子。然而逐渐地，你会发觉自己越写越顺，此时请务必继续写，不要停下来。

基本上，一张纸写一个想法。总共要写几张视情况而定，不过一般最少写10张，最好能写到30张。如果每张纸写一行，就有30行字了，你会发觉其实这并不困难。

大部分的人或许认为做不到这种程度，但是别忘了"量变产生质变"，因此一定要写这么多才够用。广告文案人员经常一写就是100个方案，我们可不要输给他们。

当你越写越顺时，就会忍不住惊呼："居然可以这样想！"而越想就越精彩。脑袋就是这么回事，你越是刺激它，它就越会转，而且，此时注重的是速度，细节后面再写，只要迅速将想法记录下来即可。

慢慢的，一些过去未曾出现的想法会一个个冒出来。难免要顾虑，有些想法会不会规模太大了？有些想法也许竞争对手早就做了？然而，先不要过滤各种想法，这时是严禁打压否定的。

有时只要稍微修改一下，有些点子就能成为很精彩的创意，因此，请大大方方地将各种想法记录下来。写广告文案的大标题时也是如此，有时只是语助词的不同，就成了全新的创意，因此千万不要任意删除各种点子。

再次强调：有些点子看似相似，我们就自作主张将它放弃，却可能因此而将相似的伟大点子搓揉、丢弃了，这样实在可惜。

延伸创意时，重要的是要不断"扩大、扩大、再扩大"，每个细微的差异点都须审慎对待，并尝试延伸。就像兄弟一样，无论长得再怎样相像，仍是另一种风格、另一种观点。

将这样的感觉不断扩大时，有没有感到点子增加了呢？虽然有些想法尚未成熟，但是要想十个以上的点子，已非难事。这不是太棒了吗？你也能轻易做到呢。

原来想点子就是这么一回事呀！就像"葡萄藤"一样，只要唤醒脑中的素材，你会发觉自己就像创意大师，而点子就像攀架延伸的葡萄藤，不断绵延而生！

当然，有时不免会遇到低潮。有些课题异常困难，怎么也想不出点子来，不管在纸上怎么写，就是没有好想法。这时，我们就需要搬救兵，请参考工具之8—13中所介绍的工具，强迫性地将脑中的灵感一一挖掘出来。这些方法也可以帮助无法立即在纸上作业的人。就像跳箱运动的跳板一样，只要创造出能动脑的初始条件，点子就会源源不断地诞生。

| 工具之8 | 即时贴 |

利用即时贴,让记忆倾巢而出

大家熟悉的即时贴,也可以成为工具之一。

当我们坐在书桌前打算想点子时,首先请将脑海里的信息一一唤醒、提取出来。这时请将想到的事物写在即时贴上。基本上,一张便条纸写一个想法。此外,不要选择细长形、做标示用的小便利贴,那并不恰当,最好是正方形、尺寸较大的,至于颜色则依个人喜好选择。

有些人较有规划,会自我规定"××信息用黄色,××信息用绿色",在此我并不强调严密性,只要符合个人习惯,恰当即可。因此,便条纸的尺寸与颜色可以是不统一、各种规格都有的。

有想法时,就写在即时贴上。这些即时贴并非在会议中提出,因此写得字迹潦草、龙飞凤舞也无所谓,而且不一定都得写字,用插画的方式也很好。

我们可以将即时贴的内容分成两大类。一种是最初想到、直接与课题有关的点子;另一种是自己平常收集到的素材。至于这些想法将来会如何运用,我们暂且不管。你只管将想到的点子写下即可。

还有，选一支写起来顺手好用的笔，不要让文具成为你的阻碍。

然后，将写好的即时贴贴在桌上或墙壁上都可以。即时贴具有真实感，如果将点子写在一般纸上也可以，但由于无法粘贴，较不方便。于是，10张、20张……各种想法贴满桌面墙上。至于贴的位置并不限制，以我而言，通常都依直觉，想贴哪儿就贴哪儿。贴好后稍微远眺一下，最好能在视线范围内。

那么，接下来该做什么呢？接下来什么都不做。我们到即时贴前，仔细端详内容，突然一个想法跑出来："为什么不将这个点子加上那个点子？"如果有这样的想法，请立刻写在纸上，或是记在手边的即时贴上。但请记得，点子的材料与点子是两回事。

此外，我必须提醒，并没有所谓的正确思考流程。点子经常毫无预警地突然闯入，写在即时贴上就像站在飞机跑道上，能飞多远就尽量飞吧！

思考时，不妨暂停一下，将想法具体写下。如此反复进行，点子便一个接一个顺势产生。我也经常如此，因此有些点子写到一半就不了了之，而成了另一张纸的另一个新点子，所以脑子里储备的素材，从没有一次全部掏空过。

有些做事严谨的人，规定自己必须将整张即时贴都填满，才能进行下一个动作。

在此,我要呼吁大家中途停下来。我们的目的是获得点子,写了字的即时贴随时都可以丢弃。

我们所受的教育大都是线性思考,使得我们容易谨守顺序,然而所谓"思考",实际上是相反的模式,它是不断来回反复的。如果一个企划没有经过反复修正,就不够有力。所谓迷惘,是将自己放在多重选择的状态。我们感到某个想法没有创造性,通常是因为该想法是由少数选择导出的结论。

灵感常不按牌理出牌,有时我们在整理信息时,突然想到新点子,或是在烦恼A课题时,却忽然想到从未想到过的B课题的解决方法。

因此,请习惯头脑的运作方式,并接受它。

暂时将时间切割,并将浮现在脑海里的点子记录下来,即使是一句话也要记下。接着,我们再回到前面的话题,一旦我们了解了头脑的运作方式,就能做好充分的准备,加以记录。

这本书既然以"书"的形式进行,其内容就会以线性的方式呈现,然而在写原稿的阶段,我却是不按先后顺序、非按部就班地书写。因为实际在想点子、做企划时,也并非照着顺序依次进行。

在广告公司上班,经常会面临数个课题同时进行的情况,而且不同业种所面对的课题难度也截然不同。例如同时要撰写A公司记者发表会的总经理致词脚本、B公司办大型活动所需的影片脚本，以及C产品上市时的促销企划，许多课题必须同时应付。

其实不只是我们的工作，生活上也经常如此。例如这次的连续假期要去哪里好呢？各种问题和课题同时存在时，无须为其安排顺序。所有的问题都有期限，我们的心情是随时变动的。我们并不知道在逛街时获得的灵感适合哪一个课题，因此脑袋要像计算机一样开许多视窗。

总而言之，当我们将许多点子的材料写在即时贴上时，如果有了新的想法，就顺着新的想法想下去，不用拘泥于工作程序。

尤其是好点子的出现往往与数量有关；点子这东西就是这么不可思议，一个想法刺激一个想法，欲罢不能，不必客气，只管一路想下去。

这样听起来好像需要用到许多即时贴，一点也没错！想点子时不能小气，有时还需要宽阔的桌子与墙壁，最好是有个超大会议室可以使用。如果没有，也要尽量争取到大的空间，以便用来扩增点子。

【即时贴】

遵守一张纸一个想法的原则。
贴的时候无须考虑位置,贴好后凭直觉再加以变动。
一有想法立刻写下。

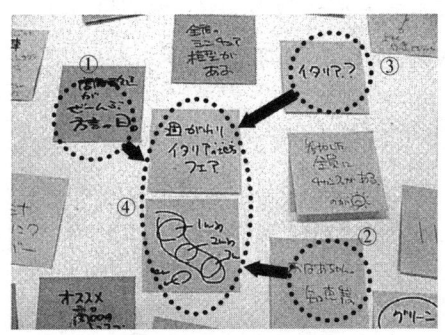

然后再将没有关系的纸条互相"结合"。
例如:1方言×2老婆婆×3意大利=4每周更换的意大利地方展。

工具之9　九宫格

从简单的格式中，孕育出绝妙的好点子

点子出现时，经常是好几个一起来，非直线式地一个接着一个产生，而是四面八方如放射状地展开。这时有一种工具可以帮助我们的头脑运作得更直接，那便是"九宫格法"。

"九宫格法"可以帮我们挖掘出储存在脑中的素材，这也是我多年来爱用的方法之一。随身记事本、计算机、PDA等各种工具中，我最常使用的是随身记事本和麦金塔。首先，请看下页插图。一个大大的正方形切割成九块，我们将它称为"九宫格"。这个简单的图形，能让我们的思绪天马行空地任意流转。

【空白的九宫格】

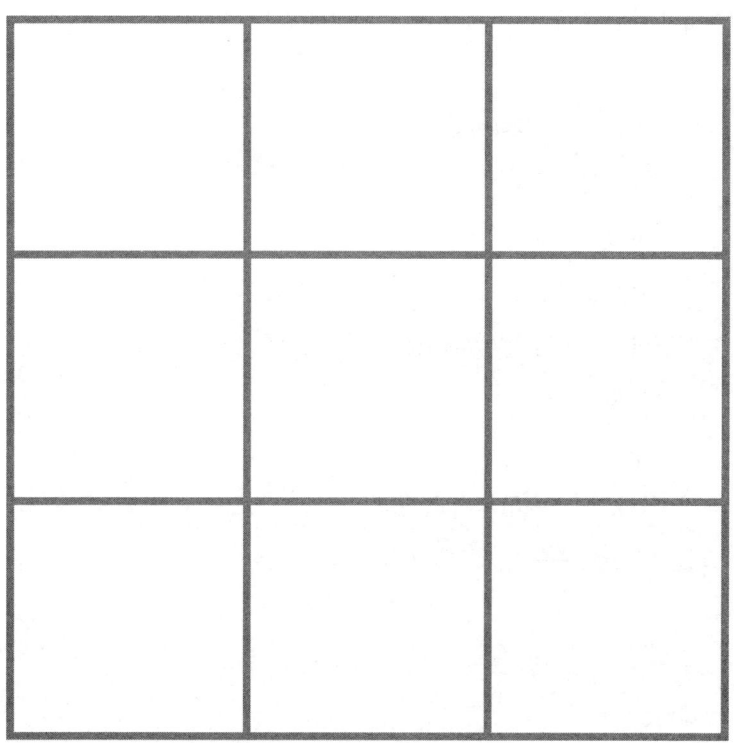

这就是九宫格，单纯的图形。

然后在中央写上主题,并问自己问题。以眼前的马克杯为例,试想一个马克杯的新商品上市企划案,该如何进行?

请在九宫格正中央写上"马克杯",然后自问自答地将各种有可能发展成新商品企划案的素材,填在周围的格子里。

"把手";

"有很多彩色圈圈";

"杯口纤薄";

"可爱的插画"等。

九宫格的周边共有八个方格,请将其全部填满。由于现在才写了四格,因此还须再写四格。

"价格";

"耐用";

"好洗"——虽然有点儿怪;

"重量"——先放这个好了。

【试着把九宫格的周围空格填满】

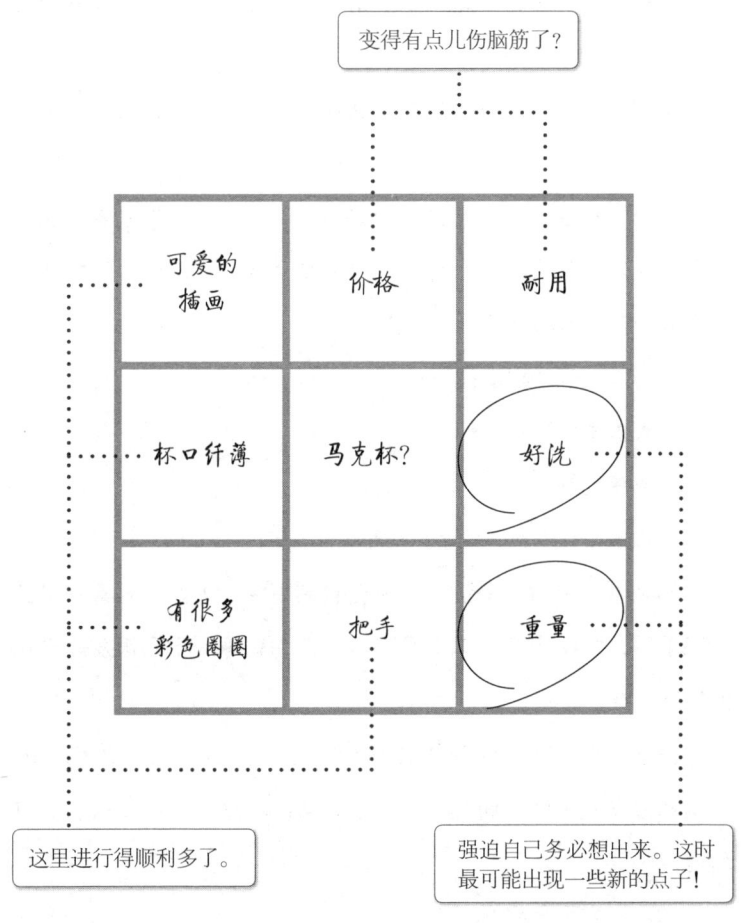

正中间写上题目,其他八个空格写上答案。试着填填看吧!

都填好了吗？如果都填满了，请记得"商品的概念＝以八个切入点登场"。那么，这八个空格中，有哪一个切入点可能成为新商品概念的切入点呢？

我们还可以继续深入挖掘，从这八个素材中，选出一个加以扩展。

此时，在下一个九宫格正中央写上"把手"。如果要把这个概念放在发展新商品上，有哪些要素是必要的？接着，我们就在四周填上有助新商品发展的想法。

"可以放进两根手指"；

"人体工学"；

"小孩也好拿"；

"日式设计"、"不滑手"等。

如果事前有所"采访"，就会找到更多、更好的要素。讲到"把手"，之前曾在杂志上看到有关专为残障人士和银发族设计的报道，有关系吗？

先把"专为残障人士和银发族设计"写上去再说。专为残障人士和银发族设计，而且好拿好取，所以不论是用左手或右手拿均可？

"左、右手拿都OK"。

这时我想起上次去咖啡馆喝咖啡时，咖啡是用一个没有把

【继续发展"把手"概念】

> 所谓联想,就是把你头脑里的信息和想法,逐步抽取、挖掘出来。

日式设计	不滑手	专为残障人士和银发族设计
小孩也好拿	把手?	左右手拿都OK
人体工学	可以放进两根指头	没有把手

> 把相关典故、话题写在同一排的空格上,效果惊人。

这些素材究竟深藏在头脑的哪个角落呢?它们都一一变成了点子!

93

手、像个大碗似的杯子装着。当时店员解释道:"在法国是用没有把手的杯子喝咖啡的。"真的假的?

到"没有把手"为止,总共有八个。

因此,光从"把手"就可以延伸出八个可以帮助新商品概念发展的素材。当然我们还可以继续进行"把手二",不过我们也可以发展下一个要素——"彩色圈圈"。

八个切入点再延伸出八个九宫格,如此便有64个新商品企划的素材产生。用数学简单运算,立即就有上亿个排列组合的机会!一定能更有效率地想出许多新点子。

当然,真正进行新商品企划时,必须针对概念加以检讨、选择,并评估其可行性,而九宫格是能轻松帮助我们设想多种选择的一种工具。

在杂志上看到专为残障人士和银发族的设计,或是偶尔上咖啡馆的经验,也都能变成灵感的来源。如果没有马克杯这个课题,我可能一辈子也不会想起没有把手的杯子这件事。

抽取日常生活中累积的记忆,重新排列组合,新点子常常就这样诞生了。当然,如果我们有关于马克杯更深入的知识,能够想到的情景和范围就会更加辽阔。

此外,男性与女性的用语不同,关心的点和想要改善的点也会有所不同。男女两个人一起想,说不定会冒出一大堆挡都挡不住的新点子呢！如果是自己一个人，也可以利用前面工具之四所介绍的"七色鹦哥"方法想想看，如果自己手指头变小了，或是手指头更粗壮时，会需要什么样的杯子？

必要的时候，就在纸上画下八条线吧！

这种不可思议的九宫格法，是由今泉浩晃先生开发出来的一种工具。

下面是一个"新车发布会"的使用案例。

某汽车商为新车上市，需要企划一场"记者发布会"（招待媒体记者的公关活动）。既是记者发布会，清楚地传递新商品特色便是关键，因此发布会时，必须准备新闻稿以供记者报道使用。新闻稿的标题很重要，必须清楚传达商品最重要的特色，而不能只是"××新上市！"的告知而已。

此外，还须考虑到现场的摄影记者，必须提供许多场景，让摄影记者有多按快门、多照几张相片的冲动。

如果，这是一场迷你休旅车的发表会。如果，我们正在想新闻稿，首先请在第一张九宫格的正中央写下"标题"。这张纸只要自己懂就好，所以无须写成"新闻稿的标题"这么仔细。

接下来，我们来想想迷你休旅车的特色。

"八人座"；

"使用空间宽敞";

"虽然迷你,但马力十足";

"省油";

"外型好看";

"×××(设计师的名字)";

"比同级车种便宜五六万"。

各种要素,可能一下子就超过八个了,不过我们将想到的先写在空格旁边,等一下再思考该怎么做。

【什么会成为宣传的重点？】

省油	外型好看	×××
虽然迷你但马力十足	标题？	比同级车种便宜五六万
宽敞的使用空间	八人座	

还有什么其他特色呢？

将有可能成为标语的话，都写在九宫格里。

接下来我们继续进行第二回合的发想。光是"宽敞的使用空间"这点,并不能清楚传达有别于其他品牌的优势,媒体记者大概也不会报道。

在第二张九宫格的正中央,写上"宽敞的使用空间?",然后开始填上周围的八个空格。首先写下"哪里宽敞?",于是在"宽敞的使用空间?"下方注明"哪里?",然后边读汽车的有关信息资料,边搜寻脑海里的记忆,开始填空游戏。

"行李箱";

"行李箱的下方空间";

"后座的脚部空间";

"车门置物袋";

"折叠式后座椅";

"头部空间";

"仪表板四周"。

【开始延伸出第二张、第三张九宫格】

车门置物袋	折叠式后座椅	头部空间
后座的脚部空间	宽敞的使用空间？哪里？	仪表板四周
行李箱下面的空间	行李箱	驾驶座

> 先记录下来再说。
> 一堆自己才看得懂的缩语。

最重要的是要创造一股一发不可遏止的气势，
如果联想到别的，就用第二张、第三张纸记录下来。

"驾驶座"？即使觉得有点儿怪，还是将它写入九宫格内，此处严禁删除任何想法。

总之，在此阶段可以想出许多个切入点。

"更多的使用空间"——着重将能容纳许多物品的宽敞空间——找出来。

"合计××公升"——确保使用的容积，也是一种想法。

"连驾驶座也很宽大"——从使用空间到驾驶座都很宽敞，将想法一点一滴地延伸扩散出去。有任何想法时，别忘了都要记下来，之后再将其千锤百炼，看看最终还剩下几个想法？

如果我们以摄影师的角度来发散性思考。

"什么是好的相片？"，将这点放在九宫格的正中央。

"正面"；

"从左前方30度拍摄"；

"车门打开"；

"关上"；

"奔驰的汽车"。

【脑海中浮现的影像也不要放过】

关上	奔驰的汽车	和总经理一起
车门打开	好的照片？	
从左前方30度拍摄	正面	

这个点子又可以联想出许多想法，因此便可以依此再展开另一个九宫格。不要顾虑上一个点子还有其他空格没有完成！

在解析某个主题时，可能会有许多点子出现，这种乱七八糟的混乱感，却令人兴奋不已。

"和总经理一起……"诸如此类，在脑海中架起照相机，不停地想象。

灵感来时，可以顺着灵感另外再画新的九宫格。例如从"和总经理一起"另起炉灶，展开新的联想。

和汽车一起出现的总经理，是什么样的姿势？

"将手放在车子的引擎盖"；

"站在一旁摆出'V'的手势"；

"坐在驾驶座出场"；

"坐在前座挥手"……

想法不停涌现。

那么，哪一个才是最好的呢？这要等想法多到某个程度后，再来筛选。请记得，想点子与筛选点子，要分成两个阶段来执行。

【想到哪里就写到哪里！】

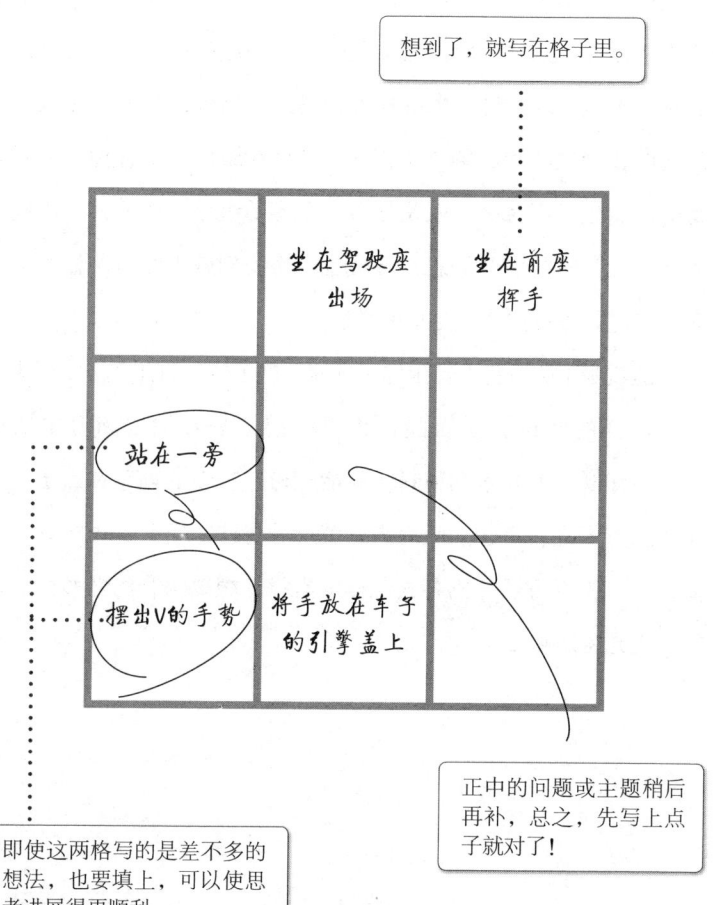

想到了，就写在格子里。

坐在驾驶座出场

坐在前座挥手

站在一旁

摆出V的手势

将手放在车子的引擎盖上

即使这两格写的是差不多的想法，也要填上，可以使思考进展得更顺利。

正中的问题或主题稍后再补，总之，先写上点子就对了！

或许你会怀疑，真的会有这么多点子和想法出现吗？其实，形成点子的基本素材就堆放在一个桌上，我们不需要将它一个个拿出来讨论，只要用眼光将桌上的东西一起扫射，各种灵感便会源源不断地出现。即时贴的做法便是这种道理，将最初在脑海中浮现的各种想法和灵感具体记下，排列在眼前，做各种点子便容易应运而生。简言之，就是创造一个容易组合各种素材的环境。此外，九宫格放射状的思考方式也会将我们脑中的运作如实地呈现出来，刺激我们产生更多的想法。

这就是不断"将点子延伸、延伸、再延伸"的九宫格使用法。

这样的案例，是否能让你更相信"只要抽取脑海中的信息——即既有的要素和材料，就能轻松产生新的创意和点子"？至于新点子是否有趣、吸引人，就要看想法的组合是否巧妙。然而，如果没有方法导出各式各样的素材，想要组合出巧妙的好点子，也是困难重重。

工具之10　心智绘图

将脑中的放射状思绪，如实表现出来

接下来我要介绍"心智绘图"（mind map）——这是最近颇具知名度的工具。

请准备一张白纸。纸张越大越好，例如A3或是B4这种规格，最小也要有A4大小。然后拿出你平时最爱用的笔，也欢迎使用各种色笔。

请在正中央写下主题，然后将从主题联想到的事物、分析主题之后得到的重点、次主题等各种联想到的文字，写在主题的四周。无须顾虑写的位置，只要在距离主题的适当之处写下即可。将文字圈起来也可以，无论圈成云朵状、圆形或是椭圆形都无所谓。

接下来，请用线将它们和主题连起来。再把副主题以相同方式进行分析，将相关的联想写在副主题的四周。

这样的操作重复几次，就会出现像花朵一般盛开，或是像蜘蛛网一样放射的形状，连着文字和关键词。

就像九宫格的操作一样，请在一张纸上进行。但与九宫格不同的是，这种方式不再局限于八个方格，而是没有任何限制地任意发散。对于讨厌格式的人来说，心智绘图是最适合的方法了。

心智绘图就像细胞分裂一样地扩散，有时右下方的文字和左上方的想法似乎也可以连接在一起。

这时候该怎么办？那就将两者画上一条对角线连接起来吧！虽然看似杂乱无章，放射状要点也是乱成一团，但请不用担心。

前面介绍的"工具之五"影像阅读法中，曾建议读过的书，要用心智绘图来整理。其实心智绘图是整理事物的有效方法，虽然看起来不美观，却是深具结构性的整理方式。

通过写在纸上的过程，能对自己的思绪有真正的理解。什么是让别人了解某件事情的最佳方法呢？我认为心智绘图正是能达到此目的的草稿和备忘录。最近坊间常出现一些标榜"图解思考法"的书，其实就是心智绘图法的运用。

心智绘图不只是汇整信息的方法，也是发展点子的重要考具。

例如，将读过的书运用心智绘图法以自己的语言重新整理时，一定就会出现"如果这样会如何？"的想法，新点子于是就出现了。此时就将新点子写在心智绘图里，再写下各种联想。整理思绪的同时，也是头脑风暴的时机。请参照第108—109页的心智绘图，这张纸原本是要整理书中的内容，最后却成了点子的备忘录。

心智绘图最令人激赏的地方，在于它可以让各种点子、灵感，集中在一张纸上呈现。就像贴满即时贴的桌子的缩小版一样，放眼望去，尽是各种灵感的来源。

　　这是一种向四面八方不断扩散，有形的、不规则状的、直线的、非直线的、放射状的，不在乎从哪里开始，也不管要往哪里延伸，没有任何限制，只是忠实地让脑袋完全解放的工具。

　　看看自己记下的心智绘图，你就能清楚地了解自己的思考脉络，这也是这种工具的趣味所在。

【心智绘图】

没有特定形式。
任凭自己的思考延伸。

写的当时突如其来的灵感，也要记下来。

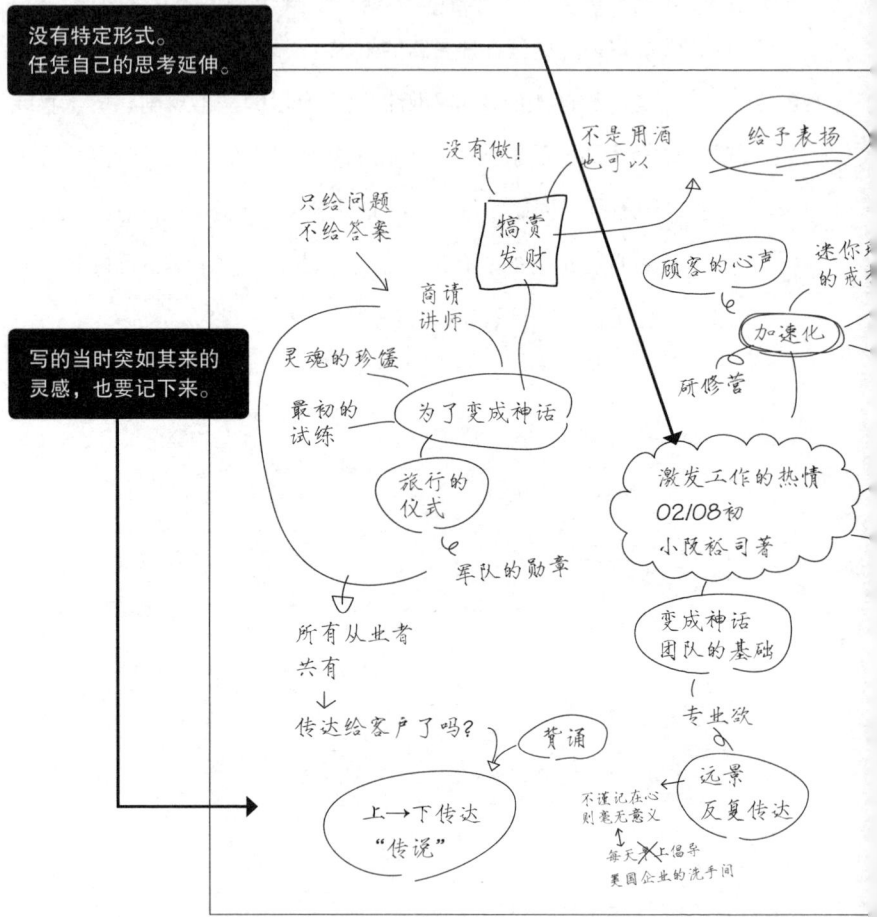

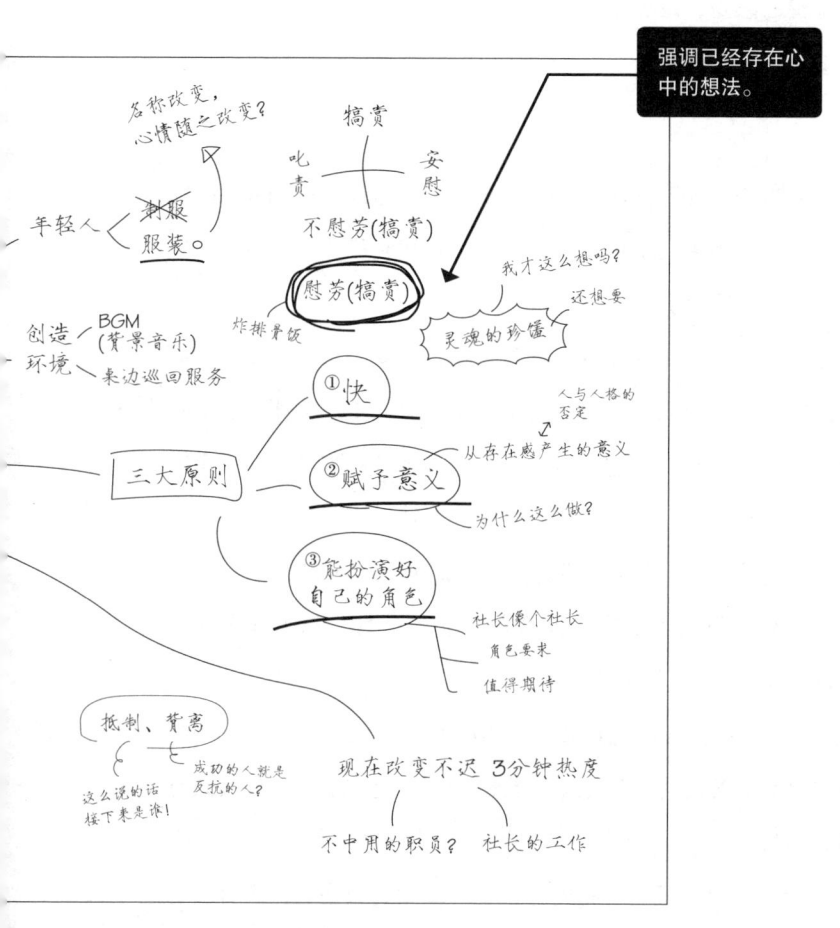

虽然看起来不太美观，但充分记录、整理了自己的思考脉络。

工具之11 | 点子素描（计算机版）

涂鸦的感觉，最自然的动脑法

我常用的计算机软件为PowerPoint、TextEditor、Mandal-Art这三种。由于尚未到定稿阶段，所以都是想到哪儿，就打（绘图）到哪儿，要领和手写的一样。

使用计算机不比在纸上书写自由，会受到一些限制。图画也无法随手就画出来，文字的大小、粗细变换也不方便，因此我个人更喜欢用手写。不过，最近因为电子邮件越来越方便，有时不是一个人在思考，使用计算机做创意的情况也就增多了，因此我便利用电脑来作为点子素描的工具，进而发想点子。

使用计算机就要充分发挥数字化的好处，以下即是我运用PowerPoint及TextEditor作为考具的例子。

先说PowerPoint。如果你只使用Word也无妨，方法都一样。我自己将它称之为"标题＋三行点子"。首先选择文件格式并用横式书写。

或许你会觉得要写的内容或文章，用直式书写比较合适，但在做备忘录或是想点子阶段时，还是用横式比较恰当，直到要写

【点子素描】（PowerPoint版）

6月份促销企划备忘录

店内"井边会议"沙龙！ ← 大大地写下一行

概 要

- 在店内创造一个场所，让妈妈们很容易聚在一起，就像过去妇女在井边聊天一样。
- "井边"=设有沙发等家具的简单的休憩空间。
- 网络上也要。"咦……你是从哪里知道的？""我用网络找到的……"创造一个有问题可以立刻解决的场所，也是"促销"的重点之一。
- 有时店长也必须参加，直接听取客户的心声。

← 请在三行文字内说明

6月份促销企划备忘录

托儿乐透彩

概 要

- 发行母亲专用的"托儿乐透彩"。
- 一等奖为店内专用的购物券15万元。
→育儿基金。
- 还有各种店长奖、分店奖、特别奖等，使它充满乐趣。
※ 也可以有安慰奖，基本上都有奖。

6月份促销企划备忘录

梦幻新商品企划大赛

概 要

- 以儿童为对象的"梦幻新商品企划大赛"。
- 商品种类以本店销售的任何商品均可。
→从太空旅行到泡面均可。
- 并不只是单纯的发明，是确实具畅销实力的新商品企划。
→因为具真实感，所以更有趣。
- 另一个暑假作业!→让亲子到店里来做研究作业。

成企划书时,再改用直式书写。

我们打开新的空白文件,并在中间上方,以居中的格式打上大大的一行字,这便是标题。然后在标题的下方打上三至四行以"●"或"◎"开头的文字,这是标题的解说、点子的概要说明。

当然,如果能只看标题就一清二楚,那是最理想的状况了,不过新的想法往往是大家都没见过的,所以需要数行文字说明。但也请不要说得太长、太啰嗦,就和手写的情况一样,基本上,一页就是一个想法。

如此写下第一页。(请参考左页)

其后将页面移动到整体画面上。如果是在微软的视窗,请使用"Ctrl+D";如果是麦金塔,则使用"AppleMark+D"复制五次。

接下来,我们到第二页的画面。以同样的格式写下第2个想法,标题大大的一行,下面有三至四行的说明。脑中浮现的各种点子,便用这种方法整理出来。

如果一下子就写完五页,就请继续往下写,十页、十五页……不断追加下去。

有些辅助工具可以放在键盘的旁边,像是即时贴或是备忘纸。面对一幅空白的计算机页面,只凭脑子里的记忆,有时还真难想出什么东西,所以我们需要一些辅助道具。在复制的页面上重新书写，这也是秘诀之一。思考时，不管是利用"葡萄藤攀延"的方式，一个接着一个地联想，还是天马行空地将毫无关系的事物串联起来都无所谓，重点是要让头脑接受刺激并且动起来，不同的只是使用计算机作业而已。

要坚持"能用的全都用上"的精神，所有既有的点子或想法，只要稍稍改动就可能创造出全新的创意。

后面还会介绍的"头脑风暴法"（工具之14），或是与他人开会时，便可以将点子素描打印出来，带到会议中共同讨论。这时也请坚守"一张纸一个想法"的原则。此外，我也不赞成一页纸上，有两个画面或是三个画面的做法。

打印出来后，可以自己想象一下别人看到的感想，是不是一页一个想法的方式更容易让人家有感觉？标题大大的，是不是感觉更像个好点子？

确实是有这种倾向。如果是熟稔头脑风暴的人，就不会被文字的大小迷惑，而能直接判断内容的好坏，但如果不是这样的人，就很容易匆匆一眼看过，因此必须有方法让他人了解并注意我们的想法。

我们在做头脑风暴或正式提案时，一定要相信自己想的点子都是最棒的，因此要将最好的一面呈现出来，自信十足地推荐，并且深信可以为对方带来数倍以上的利益！

标题写得大大的,不要让人第一眼就觉得普通、无所谓。人有一种先入为主的自然反应——"大=重要／小=不重要",千万不要输在这种小地方。

因此我们要将标题的字号尽量放大,将自己当成一个美术设计者,也不要舍不得用纸,就是要让文字又大又清晰,看得清清楚楚。

或许有些人执意认为"只要内容扎实,对方一定能识货",这真是大错特错。第一印象可不只是谈恋爱时才会出现。

在日本,我们常听人家说"享受智慧和创意不用付费",这虽然是一句俚语,却是事实,也是日本的文化。我曾经有机会看过外商公司的企划案,即使是十页的方案,也将其装订成册,做得非常豪华。

也许你会觉得企划书这样做太慎重其事了,但这不也是令人印象深刻的一种方法吗?虽然企划书最重要的还是内容,不过外表也有加分作用,在第一眼就令对方觉得我们做事认真,就不会被人以轻视的态度对待。这一点,身为创意人应该奉为准则,就从今天开始身体力行吧!

言归正传。

接下来是以TextEditor等文字处理器来探讨工具的使用方法。

TextEditor可以让文字无限延伸地一直写下去,是一种简易的

【点子素描】（TextEditor版）

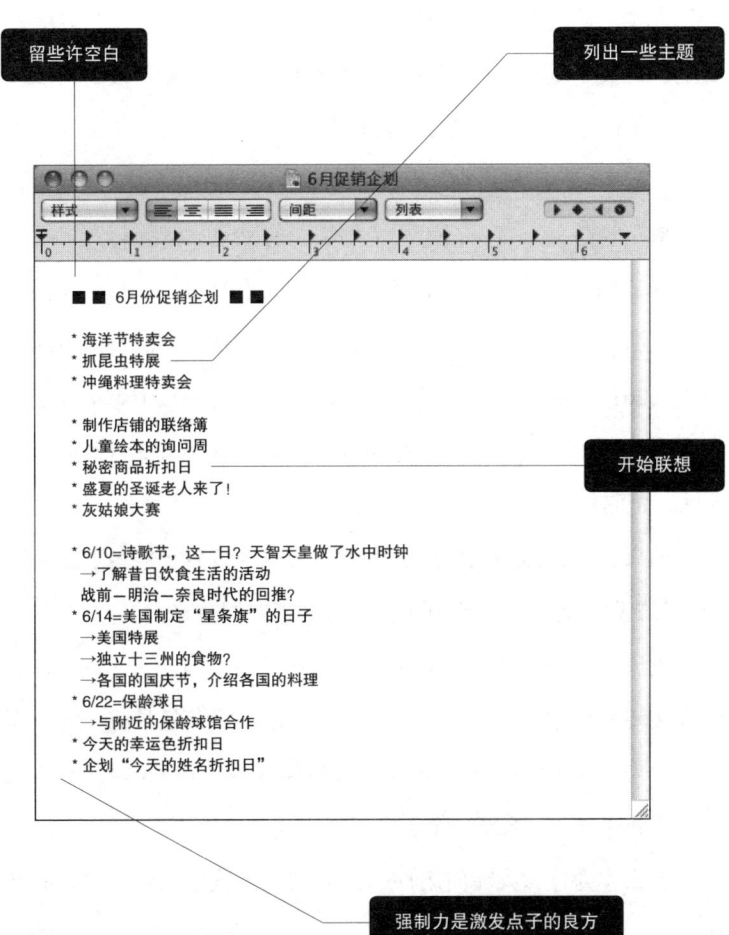

文字处理软件。这样的工具似乎与我之前不断提到的"一个想法一张纸"原则相矛盾。

其实，使用TextEditor是要给自己某种强制力，在TextEditor环境里，也要不断地分行书写，并且规定自己至少要写多少行、多少个点子，这就是我所谓的"强制力"。

打开TextEditor并空几行后，首先写下标题，再空数行后，以"●"为起首，每一行写一个想法，有新点子就换行写。写多少行点子都没关系，但是不能写文章，如果觉得写一行字无法说清楚，那么就换行补充说明，但也只能写一到两行。决定写20个点子（20行）后，我们就可以随时检查自己还缺几个想法。使用TextEditor的好处是，所有的想法都在上面，立刻就能看到先前的想法，把它们作为刺激新点子的触媒。

如果有个迥然不同的点子出现，请空十行后将它写下，而不要将其删除。即使想法不断扩张，也都将它们留着。

更进一步的做法是，将TextEditor的文字打印出来，或是以邮件直接转发给他人。一旦要给别人看，最好将其最具威力的一面呈现出来。此时，将TextEditor当做转换成PowerPoint时的基本文件，再处理成"一张纸一个点子"的模式更加理想。

那么，为什么我在使用TextEditor时，要先空白数行才开始操作呢？

这可能与个人的喜好有关，因为我想摆脱"从左上方开始"的模式。为了寻找好的创意和企划，我曾说要让头脑用非线性的放射性方式运作。手写的点子素描，或是在PowerPoint文件上方中间，写上大大的一行字，都能避免线性思考的陷阱，因此我也希望TextEditor有相同的运用。虽然在书写时免不了是直线排列，但至少在某些操作上有所差异（例如起首的第一行、每个点子换行写等），而不是全然接受。

另外，特意在上下左右的任何地方留出空白的位置。觉得不好的点子不要立即删除，就留在下面空白的位置上，这些都是基于相同的考量。如果有新点子就改行加在下方，即便页数增加也没有关系。

扩张→整合，别忘了使用这个基本原则。

或许你会认为，这不过是换个方式使用计算机而已？

打字的速度如果没有经过一定程度的练习，速度不会像手写的那样快，而且计算机只是单纯的输入工具，输入各种素材，并不会自动变成点子输出，一切的运作还是要靠大脑，只是一味地追求最新机种是没有用的。

| 工具之 12 | 联想游戏 |

新点子像葡萄藤般四处延伸

每个工具的切入点各自不同,但帮助脑袋灵活思考的效果却是一样的。这一次我们就向电视节目取经,寻找新考具。

以前日本的NHK电视台有档节目叫作《联想游戏》,男女来宾分成两组,从队长那里得到提示后,便要找出正确答案作答。

电视机前的观众和对手都知道正确答案,但队长只能给予和答案相关的暗示,队友反复推敲后再解答,因此提示的好不好,全看队长的功力。小时候,我的父母曾说看这节目可以帮助思考,所以我从小就很爱看。

第十二个工具就是要让这个节目复活!你可以写在备忘录上,如果嫌麻烦就用口头方式,"说到×××就想到××,说到××……",一个人也可以玩,而且要以快到让自己头昏眼花的速度作语言的联想。

我们思考时,通常只会想到已知的事情,对于未知的事物便想不出来。

然而事实上,有许多事情我们虽然知道,却想不起来。联想游戏就是帮助我们唤醒记忆，轻击两下，将深藏头脑中最底层的记忆召唤出来。简言之，联想游戏就是要导引出藏在脑海深处的词汇。只要我们能引出这些词汇，记忆就会随之复苏，也就会与你目前面对的课题或难题产生撞击。

相互撞击之后，新点子横空出世。

有了新想法请立刻做笔记写下来，因为很容易又会忘记。此外，联想游戏没有强硬规定的准则。如果中途有了新点子，就立刻结束联想游戏。因为这种工具主要是为了促进我们思考，帮助创意，无须顾及执行的完整性。而我们也不是文案人员，不需要伤脑筋斟酌文字，我们要的是寻找灵感，借由词汇，一个接着一个地联想下去，捕捉记忆才是重点。

我们来举一个例子。

如果你是一家人才中介公司的女性职员，正负责一件工作，要针对学生制作一份公司简介，必须想出召募新员工的企划案。

首先，我们从现有的词汇开始联想。

"新进员工→今年的黄金假期大概不能休假了吧→以后还有几次机会赏樱→很想去赏花……"（到这里为止，花不到两秒钟思考），除了这条主线外，我们开始向外延伸思考，"回想起来，去年是到堀端去赏樱的，在前往赏樱的途中，某家商店的橱窗里，看到一只好可爱的手表，而且好想要……"即便是这类风马牛不相干的联想也不要停止。

思绪忽左忽右,可是你并不知道灵感会打哪里来。看起来好像一点儿也不相关,可是突然又会和重要的工作联想在一起。

"《业务和会计的一天》——去年曾推出这样的书。"

从"去年赏花途中看见心仪手表"联想到新点子。

"总经理的一天?好像很闲的样子。"有了这样的想法后,便开始着手写下相关的想法。

如果想得太远,又没有想出什么点子,那就把自己的思绪拉回来,从头开始。或是你要从哪里拉回来都可以,一切随自己的心意。例如上面的例子,并不是从赏樱的路线,而是从手表再延伸出去的。工具的使用方法就是这么自由自在。

"手表→想要手表→爱马仕的手表好可爱→古驰的也很棒→(公司简介)DM封面做成黑色的也不错……"就像这样推演,不知不觉间点子就一一浮现,这就是联想游戏,而我们切记要将它们记录下来。

由于是在个人记忆中来回搜寻的游戏,所以会反映出个人的喜好与特质,这样很好,完全没有问题。记得在想点子、构思企划案时,一定要"任性→大胆",所以先从自己喜欢的想法开始又何妨?我们正是靠自己的点子谋生的。

然而联想游戏一直想下去,会感觉离主题越来越远。净想些

【联想游戏】

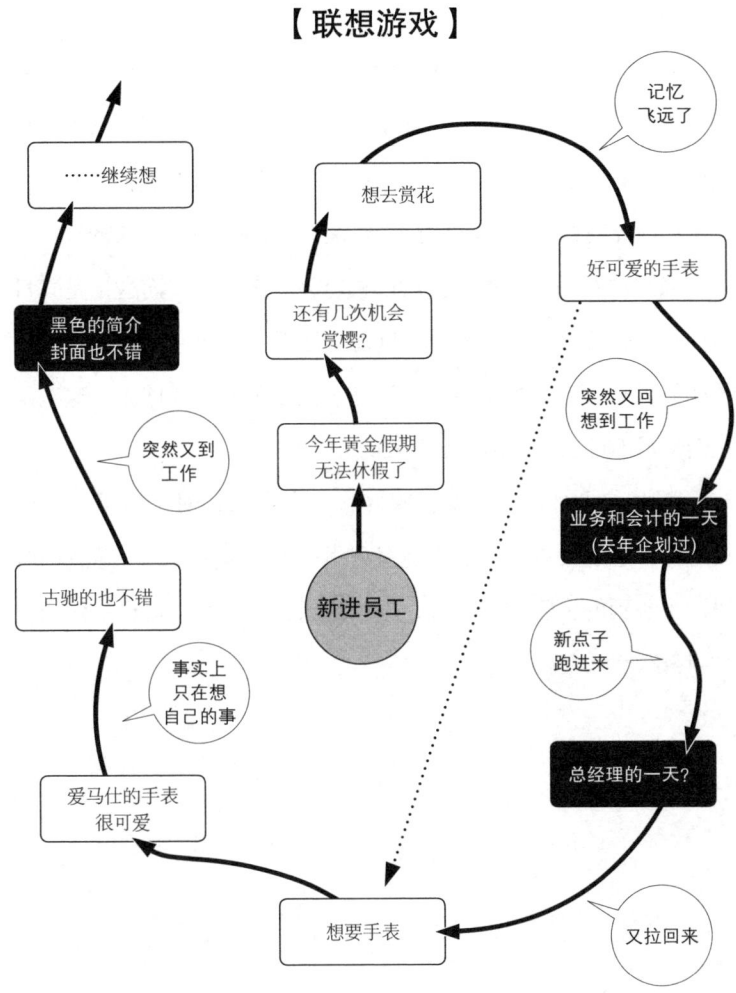

只是几分钟的时间，头脑里不断来回想着自己的事与工作的事。

不相干的事，这样好吗？

其实这也是使用这种工具的目的之一。当我们在思考时，各种事物在脑袋中不停回转，其半径比我们认知的还要狭窄，如果我们只考虑相关事物，那么一些特例、意外、新奇之物就不容易产生。因此我们要尽可能扩大思考范围，虽然这不容易做到。

联想游戏因为是游戏，所以很容易脱离轨道，而这正是其目的。只是在思绪奔驰的同时，脑海里还是残存着问题意识，所以再如何天马行空，也不会飞奔到完全没有关系的星球去，这正是人们觉得不可思议却又十足有效的方法。

联想游戏对于企盼跳脱胶着状态者有效，对于渴望葡萄藤般延伸新想法的人也有效。请多利用搭乘电车及在路上遛达的时间，将看到的事物收录在心，任意联想，一些旧记忆也就伴随着新刺激跃然纸上。

工具之13 | 九大检验法则
思考陷入胶着时,走出迷宫的处方笺

目前为止所介绍的工具,都是帮助我们有效引导出已知素材、重新排列组合的工具。至于如何组合或组合的方式,也都悉听尊便,随个人运用。

但有时我们难免会遇到瓶颈,这通常有两种情形,一是无法引导出可供排列组合的素材,二是不知如何重新排列组合。欲找出素材,可以利用联想游戏、九宫格法、心智绘图等工具,但这些工具并不能创造素材,而是搜寻、捕捉材料的方法。

接下来,我们将谈如何巧妙地排列组合。灵感来时,好点子接二连三地蹦出来并不困难,但有时却是苦思良久,毫无进展。

其实,能使头脑与情绪回到最佳状态的好方法,还是点子。点子会产生新点子,想法会引出更多的想法。"九大检验法则"便是在这种情况下使用的。这里罗列了各种点子促成要素的排列组合方法,供大家参考。你可以将这些方法记在你的记事本、钱包里、PDA,或是任何你容易看见的地方,绝对能发挥强大的功效。

所谓的"九大检验法则"即为下列九条:

转用? ——除了现在这样使用外,是否有新用途?

应用? ——有没有相似物?无法模仿吗?

变更? ——定义、颜色、动作、气味、形状……是否可以改变?

扩大? ——变大、变长、增加频率、延长时间……会怎样?

缩小? ——变小、变短、变轻、压缩、时间变短……可以吗?

代用? ——可以替代的人或物是什么?材料、场所可以替换吗?

置换? ——替换后,可以改变顺序吗?

逆转? ——相反会如何?上下左右、角色对调会怎样?

结合? ——合体、混合、合并会怎样?

以上这些方法,是为了产生新点子,让各种素材重新排列组合的基本形式。你可以用问句的形式进行,也可以试试对话的方式。各种问题的答案,请用视觉想象。如果手边有纸和笔,请务必将想法写下来,一定会有新的想法出现。

如果转用看看……

如果扩大的话……

如果改变材料……

九大检验法则

转用? >> 除了现在这样使用外，是否有新用途？

应用? >> 有没有相似物？无法模仿吗？

变更? >> 定义、颜色、动作、气味、形状……
是否可以改变？

扩大? >> 变大、变长、增加频率、延长时间……
会怎样？

缩小? >> 变小、变短、变轻、压缩、时间变短……
可以吗？

代用? >> 可以替代的人或物是什么？
材料、场所可以替换吗？

置换? >> 替换后，可以改变顺序吗？

逆转? >> 相反会如何？
上下左右、角色对调会怎样？

结合? >> 合体、混合、合并会怎样？

当然不必像教科书一样，每个问题都要回答。如果很难回答，就跳过去想下一个，也不必拘泥要从哪一个问题开始，一切都是随兴而行、自由运用。

但有时为了寻求从未有过的方向，强迫自己回答每一个问题，也是很有趣的。总之，就是要不断挖掘出隐藏在脑海里的新想法。如此重复操作，不知不觉间，你就会记住这些思考模式，逐渐地，对于某个讯息或点子，就可以从不同的角度去衡量、思考，从而令你更有主见与判断力。相同的讯息来源能够产生数倍的想法，其理由便在此，这也成为我们最有利的武器。至于这九个类型是不是从上到下依序记忆，就看个人如何使用了。当自己遇到瓶颈时，最常拿它们作工具。

正如你所发现的，制造点子的手法其实很简单，从古至今都没改变。不同的只在于输入的资料，而资料会因时代或环境的变化随时更新，因此点子永远不会有枯竭的一天。现今世上存在的创意和概念都不是唯一的答案。

现实工作中，一直期待着自己能有好的点子出现，虽然要自己想出如牛顿、爱迪生一样改变世界的创意有些遥不可及，但是要想出改变日常生活、日常业务的点子并不难，甚至有一天，我们还会想出影响社会的大创意呢！

工具之14 | 头脑风暴
搭别人想法的便车,接受自己从未想到的观点

前面介绍的,都是适合个人独自思考所使用的工具,其实,适合一群人想出好创意的工具也很重要。所谓"三个臭皮匠胜过一个诸葛亮",集合众人的智慧,定能产生巧妙的创意。

"头脑风暴"便是集合数人,大家共同激发出好点子的方法。通常我们在进行头脑风暴时,必须遵守下列四项原则:

原则一　不批评他人的发言;

原则二　欢迎自由奔放的发言,甚至如白日梦般的想法;

原则三　量比质重要;

原则四　搭他人想法的便车。

美国一家著名的工业设计公司IDEO因为经常举行脑力激荡,而悟出了七大秘诀:

①聚焦明确;

②要有游戏的心情;

③点子是可以数的;

④累积力量,奋力一跳;

⑤地点和场所会唤醒记忆;

⑥活动、舒展精神的筋络;

⑦使用身体。

有关这七项秘诀的详细内容,你可以参照:《创新的艺术》(*The Art of Innovation*, Tom Kelly)这本书,不过实际进行头脑风暴时并不简单,原因是大家都很难遵守"原则一",对于他人的想法会忍不住说出"不行""不好"等批评,尤其是参加者有从属关系时,更是明显。

为解决此问题,一定要刻意谨守"原则三"与"原则四"。

首先,去接别人的话尾。在头脑风暴的会议里,我们并不是要判断谁的点子好不好,他人的想法只是我们前进的跳板,因此请试着多利用他人的发言,再加上自己的想法。有时你会发现虽然是同样的课题,却因此产生了自己从未有过的观点,这是非常有趣的。

头脑风暴会议是偷别人想法的最佳时机。这样的会议经常让我们发现许多自己想都没想过,甚至过去不知道、没兴趣的事,正是借由这样的互动方式扩展了我们的视野,甚至强化了我们拿手的项目。创意人对许多事是没有预设立场的。

【头脑风暴四原则】

> 这个原则很难做到,对于他人的想法会忍不住说出"不行"等批评。

> 点子不论大小,也不管可行性如何。

原则一　不批评他人的发言;

原则二　欢迎自由奔放的发言,甚至如白日梦般的想法都无所谓;

原则三　量比质重要;

原则四　搭他人想法的便车。

> 热烈讨论,获得大量的点子。

> 别人的点子都是自己想出来的?!别客气,尽管接别人的话尾吧!

一般人多只朝自己有兴趣的事物思考，头脑风暴则是强迫自己想想没有兴趣的事物，不要认为自己不行，不要以没时间为借口，一定要半强迫式地强制自己参加。重要的是，相信我，头脑风暴会议绝对会让你受益匪浅。

成功的头脑风暴会议还有一项要诀，就是不要有竞争意识。头脑风暴重视的是数量，因此要竭尽全力让自己成为想法最多的人，而不是去批判他人的想法好不好。

头脑风暴会议里不需要有批评家，也不要一心一意只想当领导人。是否能让会议气氛活泼又热烈，全在于会场是不是有新的想法一个接一个产生。

我们所要做的，便是担任这样的推手，其秘诀就是我前面所提及的各种工具。

头脑风暴会议的可贵之处，在于能够获得一个人独自思考时无法产生的各种想法，可以说是创意的宝库。然而，我必须再次叮咛，千万不要让头脑风暴会议变成批评大会！要让大家的想法在此百花齐放，不受拘束。

每个人都喜欢新事物，每个人都喜欢新点子，看见手边的草稿越来越厚，会议室里的温度越来越高，是不是也令人心跳加速、兴奋不已？让我们做这样的推手吧！

Chapter4

企划＝点子的加减乘除
——将点子变成企划的工具

前面几章介绍了如何将储存的信息，即已有的素材，重新组合成新点子的各种工具。或许一开始时，这些新点子还很生涩，充满了别人的影子，但慢慢地，你会渐入佳境，灵感澎湃，便会有不少可行、有趣，甚至让自己感动不已的好主意产生！

有了新点子，下一步就让点子变成企划。

首先，请找出一个吸引你，而且能够成为主力的点子，思考一下：这个点子可否和其他的想法结合？这个点子的某一部分是否可以拿来运用？还是将几个点子的某部分交换看看？总之，要不断推敲眼前那张点子记录，将吸引自己的点子作为考量重点，选择能够整理成完整企划的点子。你可以独自一个人进行，也可以和几个人共同讨论。

如果结论是这些点子都无法使用，那就要很干脆地放弃，不要因为舍不得而勉强使用，这样可能会使得情况变得复杂而失败。可以等到有其他适用的命题，再进行讨论。

广告公司的操作方式是，先将所有的点子汇集起来，进行讨论、筛选。即使是广告预算如天文数字般的超级客户要比稿，也不可能一次提出100个企划案供客户选择，都得经过千锤百炼的推敲琢磨才行。

有时点子本身就像天方夜谭，虽然很美，却也难以落实。而且无论点子多么美妙，还是有预算限制，因此我们需要企划，将点子的精髓与现实状况的可行性相结合。

例如：推荐哪个明星当电视广告的代言人？办活动的场地在哪里？哪一天举行？

企划案必须汇集大家的经验与意见，整理到随时都可执行的程度，才能向客户提案。

但是没有点子又何来企划？好的点子必须要兼顾实务面，如果点子不能落实成企划案，就等于空谈。

平面广告利用"色稿"，电视广告利用"脚本"，而举办活动则要利用企划案与示意图，使双方的想法获得共识，如此点子才能具体实行。

此外，当然不可缺少估价部分，例如请演艺人员演出，就须预估演出费用。活动会场的流程规划、举办日期也必须明确。

或许你的工作形态与上述情形不尽相同，不过我想基本原理都一样。你想出来的点子要怎样才能具体实现？这时候可以利用某些工具来帮助自己判断。以下所介绍的工具，便是让天马行空的点子转化成具体可行的企划利器。

工具之15 | 5W1H形式

基本的基本,严守 5W1H

一听到企划书,你脑海中会浮现什么样的画面?厚厚的一本?装订得美美的?的确,企划书有许多种形式,光是广告公司的企划案就长得五花八门、争妍斗艳。

然而,并不是厚厚一叠就是好的企划书。就算只有一页,也可以是一个企划案。复杂如董事会,尽管议题多不胜数,到了会场还是只见所有议题整理成薄薄的一两页,而且最好只有一页。其他的场合也一样,甚至我们可以说,在任何场合都只需要一页的企划案。

但是如何在一页里,有条不紊、清晰明白地阐述你的企划概念呢?这便是技巧所在。企划案第一步,即是将企划的概要架构起来。

而最基本的架构就是"5W1H"。

WHO谁?

WHEN何时?

WHERE何地?

WHAT做什么?

WHY为什么?

HOW如何做?

虽然或许每次企划案的顺序和内容略有不同,不过相信很多人最初都以5W1H法则来设定条件。

提案之前,必须先确定企划的基本架构,否则条件不符,最终仍无法落实。还记得先前所述"率性→体贴心"这一观点吗?先从发散性思考出发。让自由、率性的心激发出点子,再加入现实的条件,考虑可行性。

尽管如此,我们往往无法很快地整理出一份完整的企划案,总是会碰到质疑难行的地方。但一份新的企划是不可能根据神的意志,事先安排决定的。散布在河口的岩石原本也不是圆的,而是经过不断地冲击砥砺而成。虽然构思企划费时费力,可能让你五点半还无法下班,但请务必坚持下去。

尽量地想!虽然过程辛苦难熬,但竭尽心思所完成的工作让人刻骨铭心,也更加有趣。保持这样的热情,就能实现自己的想法。为了让梦想成真,请用5W1H法则来帮助自己,让我们站在"点子→5W1H"的角度上重新思考!

下面我以一个实例来说明。

假设你是某家超级市场的企划,日前接到总经理的指令,要以公司成立15周年及总店铺突破30家为主题，策划一项促销活动。

我们首先运用此工具来思考。

"以儿童为对象，举办梦幻新商品发明大赛。"

"将得奖作品做成模型，在卖场展示、表扬。"

从现实面来思考，利用超市内的商品激发儿童的想象力似乎颇具贡献，而做成模型放在卖场，不但有趣，还能吸引客人……这样的想法颇新鲜，就把这两个想法结合起来，整理成一份企划吧！

但是"梦幻新商品发明大赛"和"将得奖作品做成模型，在卖场展示"的门槛过高，会不会令店长不高兴呢？那么，我们是要另外再想别的案子？还是将这个点子稍作修改，变成单纯的比赛就好？创意人在此便陷入困境。

WHAT做什么？

"新商品发明大赛。这是家超级市场，因此希望能找到有趣的商品销售。"

"如果新商品能令消费者一看就觉得有趣，那么不管这发明是否真能实现，我们都可以用它来吸引顾客。"

"做模型需要多少预算？例如放在各通讯用品店里的模型手

机,要多少钱呢?"

WHY为什么做它?

"如果我们能促进亲子关系,让家人有共同的话题讨论,提供亲子合作、共同完成作品的机会,成为与生活紧密结合的超级市场,应该也是件有趣的事情。不知道店长是否理解并愿意支持?这应该是很有意义的。"

WHO谁?

"直接对象是小孩子,但全家都能一起参与,最好连学校方面也能共襄盛举。"

WHERE哪里?

"得奖模型最好能在卖场里展示,但如果不行的话,该怎么办?"

"不希望只是在传单上草草宣传、表扬得奖作品就结案。"

WHEN何时?

"因为15周年是在6月,所以社长希望在6月举行,但既然是针对小朋友,还是在暑假举办较好。"

"如果当成暑假作业,9月初为活动截止日期,那要在什么时候发表?模型的制作时间大约需要一个月……"

HOW怎么做?

"既然是以小学生为对象,那么就在学期结束时,宣布大赛的消息。但即使小朋友到店里来,也不一定会看到这消息,那么该在哪里公布呢?可以得到学校的协助吗?"

"小朋友要如何参赛呢?用画纸吗?希望大家都能踊跃参与,但如果要求所有参赛作品都做成模型,恐怕没地方放,还是请他们画吧!不过,不会画图的小朋友怎么办?"

为了让点子能够切实执行,我们不断以5W1H检验各种条件与问题。

心中燃起"实现它!企划它!"的热情,整个方案的样貌就会产生变化。以这个活动为例,经过思考后,举办活动的时间就和当初总经理所希望的时间不一样了。我们用"点子 → 5W1H"来检验,就会模拟出"模型制作、店面摆置位置、举办时间、参加办法、评审人员"等架构的大致轮廓。

只要企划的架构清楚,各种问题就可迎刃而解。例如,为了配合周年庆的时间,就将6月设定成活动告知的开始,并且以小朋友兴奋的心情来设想HOW(怎么做),有了各种腹案,再与客户沟通，也多了变通的机会。

"5W1H"虽是个常见、众所周知的方法，却也不可否认是个"将点子落实为具体企划"的好工具。

最后，这个企划就在对总经理提案的前两天完成了。

虽然只是粗略的大架构，但表现的格式绝对不可以平铺直叙、平淡无奇，要洋溢着极欲实现它的热情。至于能否执行，则取决于总经理的判断，我们只要整理到这里就可以了。接下来，我们就将这些想法做成企划书，提案时要将这个企划有趣的地方、整体价值清晰陈述，才能引起共鸣。

提案时，如何将点子与企划的魅力切实传递？我们将在下个章节详述。

店面展示得奖作品的模型！
"梦幻商品企划大赛"

需要想个活动标题

WHAT

以"在本店销售"为前提，举行"梦幻商品企划大赛"
■目前本店没有卖的商品也可以，例如太空旅行或高尔夫球俱乐部等。
■不承诺一定会将得奖作品变成商品，只做成模型。
■得奖作品做成模型，在各分店陈列，因此各分店得规划出陈列位置。
※这是重点，如果将模型混在真实的商品里，变成一幅画的感觉，是不是颇为有趣？消费者会不会觉得惊喜？
■参赛用纸需要下功夫，格式最好能激发小朋友的创意，激发出许多好点子。
※商品孕育的过程是不是很重要？

HOW

■能帮助小朋友思考的"点子激发型参赛用纸"
■参赛用纸设计成企划书的格式。
※做成和真实企划书一样的格式，让小朋友产生"专家"权威感，而不是写作文。
■评审标准：参赛用纸＝企划书。决定得奖作品（公司的员工、兼职人员皆可参加）。
■分成公司奖与分店奖（促进与当地的交流）。
■公司奖统一由公司颁赠；分店奖由各分店自行颁赠。
■节目内容告知媒体。
时机1：活动开始时（不一样的商品开发比赛……得奖作品真的要在店里销售……）。
时机2：结果发表（将得奖者姓名以及作品的插画送给媒体）。
时机3：在店里访问得奖的小朋友与介绍模型（笑逐颜开的照片）。
时机4：采访总经理（希望能帮助小朋友培养想象力……）。
时机5：电视节目曝光?!（在模型完成之前……）

参赛资格为小学生。中学生呢?家长会不会帮忙?学校呢?
※希望他们不只是单纯地想点子,更要意识到这是真的要销售的商品。
※在参赛用纸上下点儿功夫,让小朋友可以轻松愉快地想出点子。

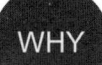

商店→1.以小孩子为诉求对象,能够创造话题(社会公益的一环);
　　　2.促进主要顾客——母亲与小孩的关系;
　　　3.可以和新商品结合。
参赛者(小孩)→1.蛮有趣的(接近实际的商品,比单纯的发明比赛更有味感……);
　　　　　　　2.以得奖者作品做成的模型赠给得奖人;
　　　　　　　※自己的想法被具体做出来,有一种受尊重的感觉……
　　　　　　　3.可以当成暑假作业中,"自由研究"的课题作业。
学校・父母→1.可以作为综合学习的一环;
　　　　　　2.也是一种社会观摩。

1.征求(暑假前)
　　(1)店面告知与广告。
　　(2)可否获得学校协助?
　　(3)媒体的新闻稿(告知报纸等媒体举办时间)。
2.应征(暑假)
　　寄到公司的筹备单位(如果获得学校协助,可送到校方)。
3.审查(秋天)名人?(也想让公司的员工、临时雇员参与)
　　※可以有大奖"公司奖""分店奖"及其他小奖。
4.结果发表　与"征求"时同样方式。
5.表扬典礼　星期六、星期日。
⑥商品展示
　　秋天或是冬天的促销期,十天左右(两次的星期六、星期日)。

WHERE

1. 模型的展示场所：所有分店将模型放在同一种类的商品区展示？
※如果商品无法做成模型，就用插画表示。
2. 卖场：摆置统一制作的POP①，介绍得奖商品以及得奖者的照片。
※无法配合的分店，则在入口处作活动展示。
3. 奖项：公司奖、分店奖，尽量让更多人得奖。

HOW MUCH

1. 参赛用纸的印刷费（要花心思做好一点儿）；
2. 活动告知费用；
3. 筹备单位费用（接受询问与审查流程控制）……所需人手；
4. 评审的酬劳；
5. 模型制作费与运送费；
6. 表扬典礼（场地费与执行费）；
7. 营业损失；
8. 效益。
※可以变成销售商品发表会吗？
※如何成为媒体报道的话题？

> 运用5W1H将点子落实为企划，问题点也明确显现。

---

① 广告形式中的一种，它是英文Point of Purchase Advertising的缩写，意为"购买点广告"。指凡是在商业空间、购买场所，零售商店的周围、内部以及在商品陈设的地方所设置的广告物。如商店的牌匾、店面的装饰和橱窗，店外悬挂的充气广告、条幅，商店内部的装饰、陈设、招贴广告等。

| 工具之16 | 标题 |

第一印象很重要，唤起人们的想象力

一言以蔽之，企划一定要有标题。

这里所指的标题，不单只是商品、活动的名称而已。请想象一下，"今日重点要闻""电视节目预告"或是商店里的POP，我们的提案一定要引起对方产生"啊，这是什么？""那会是什么感觉？"的反应，才是好的开始。

只有你才有办法为充满热情的企划写上标题。一句好的标题可以提高企划的理解度，其效果就像"工具之6"中所介绍的，"想象自己是临时的新闻记者"一样。好的标题就像一座桥，让对方更容易理解，充满善意地朝我们想去的方向一同前进。

尤其是有些人不看说明而先看企划案时，更需要好的标题。

我们回到前面，以超级市场创意商品大赛的企划练习，写一个标题试试看。看看是不是写了标题之后，文字虽然是黑色的，但整个企划却顿时五彩缤纷起来？

有一个关于确定标题的小技巧，就是要尽量让企划书或点子素描充满丰富的讯息，同时又不要太凌乱。请记得，没有人看得

> 标 题

小小爱迪生大赛

爱迪生
是家喻户晓的发明家

爱迪生的发明
接近商品的实用形象

参赛的小学生
是"小小爱迪生"

下去一本都是字的企划书。这时可运用"具体置换"的技巧,使用相同字数也能说得具体,让人深入了解。

例如:我这本书是用"计算机文书软件"写成的,如果我将"计算机文书软件"换成"iBook Word",是不是会让阅读的你获得更多的信息?而且我的字数还变少了呢!

我们所写的企划书里,经常充斥着抽象语言及不必要的文字,其实这是我们的潜意识作祟,总认为企划书越厚越有分量,文章写得越长越有内容。虽然我们在评断企划书的好坏时,重点应该放在内容,而不是标题,但不可否认,标题具有"以少许的文字传递大量信息"的作用。

因此,企划加上标题,会让你想传达的内容更具魅力、容易被理解。

无论你是在前卫的公司或是中坚企业任职,都要切记在"企划案加标题"上多下功夫。当然,我们会考虑周遭的环境,慎思表达的深度,然而撰写企划书还是要从一行的标题开始想起。

| 工具之17 | 视觉化、图像化 |

企划要能形成"画面",请用三维空间思考

5W1H、写标题,都是利用文字来将点子落实成企划案。然而文字并不是唯一的方式,实际上做企划时,三维空间的立体性思考更能让企划构想栩栩如生,呼之欲出。

想点子、整理企划时,请试着用三维空间将理想的模样描绘出来。亦即,请用图像化的方式思考。以"工具之9"所介绍的马克杯为例,把手、彩色圈圈、较薄的杯口……各种可能性会产生什么模样的杯子?我们除了理性地推敲外,也请闭上眼睛用图像想象一下。

有没有看到任何形象或轮廓?

是不是觉得视觉的想象比文字更容易产生联想?

请记住!不能描绘出画面的,就不可能落实为企划。当企划落实后,会是什么模样?当点子变成制作物时,会长成什么模样?如果连提案的你都无法想象,听你做简报的客户一定更没有想象力。

在企划阶段,一定要包括视觉化作业。对于细节,我们可以略过不管,但整体而言,一定要有图像化过程,如此才能从容应对客户的任何问题,这也是具体呈现企划的要诀之一。预算、执行时间的确认可能需要花上一段时间探讨,但是一位企划人对整体的理想状态却不能没有概念。新点子不过是既有要素和材料的新组合,因此对于各种状态的想象应该不困难。想象越仔细、越透彻越好。既然是自己想做的事,就要想得越明确越好,而这也是判断企划能否成功的依据。如果自己都想不清楚,纵使再有心也难成气候。电影导演普遍都具有这种能力,无法将想法图像化的导演,是很难做出各种指示的。

图像化是将点子落实成企划的重要技巧,因此我再多着墨一些。以前述的超级市场新企划为例,如果我们加入感情,运用图像化思考,将会激发出更多点子。

参赛用纸会是多大尺寸?什么规格?

请想象一下……什么样的规格能让小学生写起来得心应手?

其次,让我们想象一下摆置新商品模型的卖场。是要放在卖"马铃薯西红柿"这类蔬菜的地方?还是放在家电区?既要让得奖的模型引人注目,又需让消费者了解这是尚未真正制造的非卖品……该怎么做?

如果遇到不愿意合作、不让我们摆放模型的店长又该如何?放在柜台收款机的前方,对方可以接受吗?放在消费者整理购物

【视觉化思考】

仔细想象落实企划时的状况。

袋的平台附近好不好？或者是停车场？下雨时怎么办？

评审时又是什么场景？评审委员的长相会是什么样子？总经理可以有几票？诸如此类的想象，越详细越好，因为这会关系到企划能否成立、是否具说服力。

我们在日常生活里也可以做同样的练习，下次约会要先去哪里、再去哪里，今天晚餐要煮哪五道菜？

不论是日常生活还是工作，若能善加运用这个方法多做练习，都能让你的点子和企划更具魅力。

视觉化、图像化可以是企划的无上心法。如果我们能将想法用图像化的方式想象，会让5W1H的整理更简单，也更容易起标题。总之，图像思考是企划构成的一大利器。

工具之18 | 5W九宫格

让5W1H清晰呈现，使整体样貌更一目了然

"九宫格"也是落实企划时可以运用的工具。

在第三章节里，我们提到了如何利用九宫格让思想奔放，最终又让各个点子有所连结。在这里，九宫格同样能以简单的形式，让点子整合成企划。

我们再回到超级市场的促销企划这个命题。

首先，试着将5W运用到九宫格的格式中。

最中间的一格为WHO，其下方是WHY，上方为WHAT，左方为WHERE，右方则为WHEN。然后我们在WHO这一格，填上这次的主角——小学生。

"小小爱迪生大赛"的企划案，如果以小学生的角度来看，会是什么模样？

除了WHO以外的四格，我们都以开放的心重新思考、自我盘问，如果真要执行时，需要什么条件？九宫格越写越多，所需的条件便越来越详细、越来越清晰。

WHY

超市里如果卖我设计的商品,是不是很有趣?

如果我得到第一名,超市还会将它做成模型展示,是不是很骄傲?

还有什么理由让小朋友怦然心动?

WHAT

准备参赛用纸让小朋友写下想法,要不要限制商品种类?

用插画还是写作文?

使用我们公司商品企划部的文件格式好不好?

暑假期间有作业,还要去补习、参加夏令营,有没有较省事的方法?

WHERE

在哪里领取参赛用纸?

接受投稿的地方?

得奖的公布方式?颁奖典礼?

得奖作品在店面展示?

学校的反馈呢?

【运用5W 九宫格整理企划】

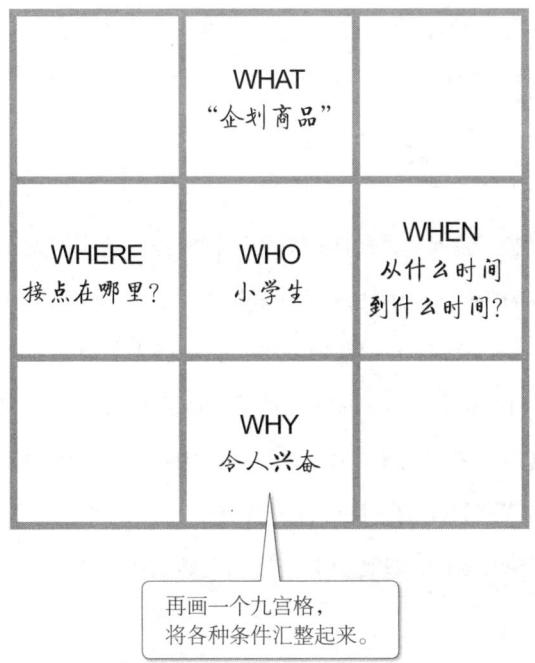

再画一个九宫格,将各种条件汇整起来。

将5W法则结构化后,很容易立刻掌握住重点。

WHEN

告知期为6—7月,募集时间为暑假,截止日为9月上旬,发表日为10月上旬,颁奖典礼与作品展示为10月下旬?作品展示与门店促销期是否要结合?什么时候?

我们通常以5W法则将整体企划做总整理,让点子变成具体企划,而填在5W里面的九宫格就是HOW。而如果以小学生的眼光来思考5W,企划的细节部分就会有所不同。因此我们经常运用这样的方法,让执行时的条件更明确,企划更具体。

这种方法是帮助我们将不断延伸的点子收回来。点子经过不断地伸与缩,会越来越具体,成为结构完整、扎实的企划案。

我们将5W法则用九宫格重新思考,就会得到不同的印象。例如WHAT—WHO—WHY的纵向思考是主体性的行动轴。WHERE—HOW—WHEN的横向思考,则是主角四周的环境轴。

九宫格的结构就像碎片(fractal)结构,可以无止境地分解,让每个细节都具体化,又可将所有点子一目了然地整理在一张纸上,既简单又易懂,这便是九宫格的奥妙之处。

工具之19	企划书

最后的总整理。每个人都能想象你要传达的观念

当点子要汇整成企划时，最常使用到计算机。点子素描虽然可以写下发散性思考时的备忘录，但企划最后仍是要以企划书的形式呈现，这是不可避免的最后关卡。

撰写企划书时，会用到哪些计算机软件？Word、PowerPoint、Excel，甚至是Illustrator。

老实说，用什么软件都可以，因为每样软件各有优缺点，但最重要的仍是"原稿"，好的企划案取决于内容的好坏。企划书如何编排得精美绝伦，我想各种杂志书籍都介绍过，而且这方面的高手如云，我们都可以向他们借鉴。

我个人认为，大部分的时候，企划书并不讲究外表的华丽。在一般的业务里，我们无须将企划书做成如美术品般讲究，反而应该在内容的构思上灌注最大的心力。我们想成为优秀的"企划人"，而非优秀的"企划撰写者"，因此小心不要掉入陷阱，一味地追求企划书的完美格式。撰写企划书是集所有创意策划的大成，有时一个企划案的执行预算动辄上亿元日元，不可不慎。

企划书撰写的第一步是"下标题"。标题＝企划名称与销售话术。之后便是5W1H法则，以上是必须掌握的基本条件。企划书的表现形式，最重要的是要让读者的心中浮现出相关的画面来。

如何将文字草稿变成图像形式，需要高度的技巧。就像我们在提案时，务求心中所浮现的画面，能与对方想象的画面一致。如果真能做到这一步，那么你的企划书以及你的提案一定会成功。

我们既要用语言传递信息，同时还要唤起对方的想象，因此有时需要绘图来补充说明。如果预算足够，我们可以为它量身定做示意图；如果没有经费，利用类似的照片作补充说明也很有效。

但也请不要误解，认为只要有图就一切OK。比如，当你在说明一场运动赛事时，是放棒球的图片，还是足球？哪一张图片才能正确传达我们的意图，这些都是要考虑的，而不是只要是运动的图片都可以。

有些人会以提案的内容是否有想象力来判断企划书的好坏，这样的人看到视觉性的东西容易激发想象力，我们更应该善加运用。

当我撰写企划书时，常常附加许多参考图片。但如果很难以图像说明，便不要勉强行事，硬是贴了张不恰当的图片反而会遭到误解，甚至招来反效果，不如不用。

【企划书】

小小爱迪生大赛！

- 以中小学生为对象的"（虚拟）新商品开发大赛"。
- 得奖作品将做成"模型"，在各店"陈列"展示，也是对消费者的反馈。

效 益

◎ **公关效果**：邀请学校一起参与的紧密结合型活动，可对各媒体发布讯息。
◎ **创造潜在顾客效果**：小朋友出点子，与店家发生连结。
◎ **抢先掌握商品开发需求**：发掘未来顾客的需求。
◎ **内部向心力效果**：商店的从业人员一起参与，可提高自主性与企划力。

```
idea sheet          截稿              模型制作
参赛用纸      →     审查       →      店面陈列
```

- 能唤起小朋友最大想象空间的参赛用纸。
- 规划讲座或说明书，帮助小朋友思考、创造、成形。

- 成为学校课外活动，或是暑假作业的一部分。
- 能获知消费者心声。
- 最终审查：所有店家的作品共同评审，共选出20项。
- 此外，各家店也有分店奖。
- 评审的标准为是否引人注目，而非商品的可行性。

〔**模型制作**〕
得奖作品做成模型，数量以各店都能陈列为准。

〔**店面陈列表扬**〕
将各个商品模型与真实的商品共同陈列在货架上。会让消费者在购物之时因接触到虚拟商品而惊讶不已，模型也送给得奖者本人与学校等。

〔**商品开发……**〕
是否能变成真的商品？

通过提案的方式让客户心中对企划书产生无限想象，其核心工具就是文字的表现力，就像小说只用文字就可驱使千万大军在我们的心中奔驰，我们也必须具备文字的控制能力，让即使没有插画辅助的企划案，依旧能生动有趣地描绘出企划目标。

此外，各企业的创意斗士最需具备的提案技巧，即是语言的表现力。这种语言表达能力与文案人员的表现力稍有不同，它是指必须能在听者的心中制造图像想象的语言操控力。

Chapter5

偶尔来点儿刺激!
——脑筋打结时的忠告

在前面的章节里，介绍了如何收集身边信息、如何思考点子的工具，也介绍了将点子整合成企划的工具。但这些终究只是工具，要看如何运用才能变成攻城掠地的武器。如果在平日繁忙的业务中，这些工具只是徒增工作的困扰，则会招致反效果，而令人动弹不得。

更何况，纵使我们过去从未使用过任何工具，工作还不是一样进行？有些人或许就因此觉得没有使用工具的必要。不过既然我们自诩为"创意人"，就不应允许想点子、做企划的专业能力长时间地陷入低潮或瓶颈。所以，还是请各位善用工具，培养随时思考的习惯，使创意不虞匮乏。本章将介绍让你能量不绝的充电工具。

接下来，笔者要介绍的是，如何让工具运用自如、发挥功效的方法。

所谓的"创意的利器"是使用方式、思考方式以及技术三方面的组合，而思考方式与技术是有规矩的，因此我们需要给自己机会和时间，多方尝试，才能熟悉规矩、运用自如。

或许有人认为，只要决定一种工具，贯彻到底，就能一劳永逸，然而事实上并非如此，包括我也做不到这一点。

如何将工具运用自如？

请顺着自己的心情来决定要使用的工具。使用工具的目的，无非就是要让头脑灵活起来，因此不须拘泥形式，没有非用什么不可的限制，选个自己喜欢的工具就可以进行思考。

最重要的是，要养成不断动脑的习惯。也就是要养成收集信息、灵感的习惯，并能随时将这些素材组合成新点子。

有时我们也会身陷泥沼，即使用最心爱的工具也无法解决眼前的问题，这种情形一年总会出现几次。幸好以下这些工具可以有效帮助我们跨越障碍，活络思考，打开脑海中的死结。

工具之20 | 创意马拉松

时时动脑,想出来的点子,要立即记下

点子一旦被引出来,想停都停不了。一个命题想出20个、30个点子,是常见的事。因此,我们要将自己锻炼成随时随地都能进行点子创意的马拉松选手。

养成这样的习惯之后,不知不觉间,我们也会对身边的许多事物产生自己的想法,脑筋动到别家公司的产品、四周环境,甚至是市政、国家大事,俨然成为社区的改革家一样,爱出意见。

然而想出来的点子,可不要想想就算了,一定要记录下来,这里要介绍的工具便是"创意马拉松"。

这也是樋口健夫先生所提倡的方法——随时将想到的点子记在小笔记本上,就是如此简单。当我们记下时,可以给它一个号码,作为创意马拉松的起跑日,例如第一天想出五个,到第二天想出九个时,就是"+4",表示多了四个。如此记录下去,你会发觉自己的思考速度越来越快,点子越来越多,而且能充分享受数字成长的快乐。

笔者从1995年8月1日开始成为"创意马拉松"选手,虽然中间数度想"退休算了",不过坚持到写稿的目前——2003年2月15日,已经有了4004个点子。尽管如此,这中间还是有许多点子漏记了。当然,有时没办法每天记录,但我经常尽可能地利用手边的纸记录下来,夹在笔记本内,等不忙时再好整以暇地拿出来整理。

笔记本里记录的,大多是无法实现的点子,而且整理之后发现,有些相似的点子出现了好多次,有些想法还真无聊、幼稚。不过,看到点子的总计数字,就让自己安心不少。有时心平气和地回顾在工作焦头烂额时记下的点子,也不免坦承那时真的是肠枯思竭,想不出好点子呢!然而这些事更能证明一点——点子不会有想不出来的一天,也证实自己已在生活中养成了随时随地想点子的习惯。

持续不断地创意思考,能提高自己成为创意马拉松选手的意愿。"没有终点的工作"是我的座右铭,我相信在截止期限前,总会想出更好的点子。如果到临终时都还在记录,那么这本记录也成了我个人的简史,不也是挺好的吗?因此,我们利用工具养成动脑的习惯是很有价值的。

然而,光是追想以前的点子并不能算是工具。创意马拉松选手有自己专用的"点子银行",点子存进去后,不要将它打入遥远的深宫,当创意遇到瓶颈时,就将笔记本拿出来翻阅。过去的

【点子马拉松】

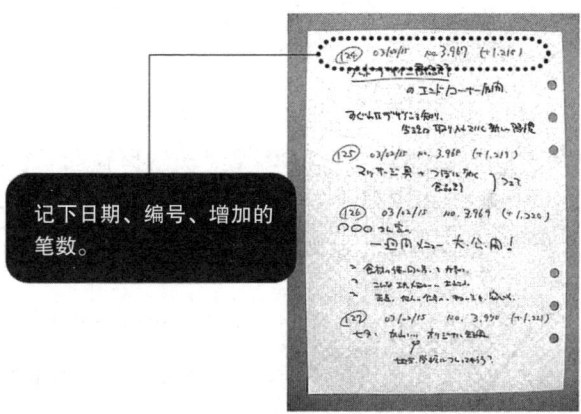

记下日期、编号、增加的笔数。

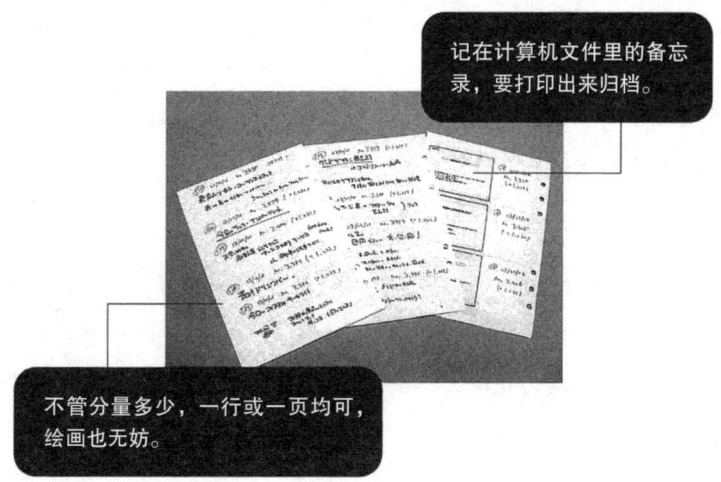

记在计算机文件里的备忘录,要打印出来归档。

不管分量多少,一行或一页均可,绘画也无妨。

点子会成为现在的强大后援,这也是创意马拉松选手坚持凡事动手、动脑所获得的特权。你会更深刻地体会到前面所说的"点子生点子"的含义,越动脑,笔记本上的新点子越多。

工作上遇到的课题,大致可以分为几类。以广告公司为例,A客户昨天的课题,可能是B客户今天的课题,当然我不是说这样就可以将A的点子直接用在B的工作里,但A的点子却能为B带来灵感。

或许你会认为旧点子落伍、不能用,事实上并不是这样。社会的变迁确实激烈快速,然而人的本质却是不变的。如果想预测今年的流行,就必须深入了解十多年前的流行趋势。这也是为什么大家喜欢参考别家公司的事例与成功案例的缘故。

所谓"温故知新"。《论语》常提到此战略,让你的点子经常有复活的机会,所以不要客气,要充分利用你先前的点子,不要让它们在笔记本里睡着了。

樋口健夫所著的《点子源源不绝》[1]一书中大力推荐,当你养成将点子记录下来的习惯后,还要试着说给别人听,不管听者是谁,同事、家人、朋友都可以。对方赞成也好,反对也罢,有什么缺点都会告诉我们,甚至还会帮我们修改、提供意见,使点

---

[1] 《アイデア発想が湧き出る本》,日本ダイヤモンド社出版。

子发展得更成熟。

这也是运用这项工具的另一个效果。记得"施与受"的道理，只要经常给予，就会收到反馈，如果你不抛出讯息，是无法收到回应的。而如果我们不先起个头，对方就无法有意见。就像头脑风暴会议时，如果你不先抛砖引玉丢出点子，更好的想法也无法被导引出来。

所以，请将想到的点子说给别人听吧！将你的点子作为谈话的题材试试看，通过谈话，帮助你从不同的角度审视点子的缺失或不足，也会发现许多自己没有注意到的观点。

深知动脑乐趣的你，从现在起，也来做个创意马拉松选手吧！一天一案、一天一行即可，只要不断记录，总有一天，你会赫然发现自己在点子银行里早已家财万贯，存了不少银两。

工具之21　从发问开始
如魔术般有效，工具大发威

养成思考的习惯，能让自己对点子的运用游刃有余，也能加快联想的速度，让点子如雨后春笋般迅速地延展开来。

尽管如此，有时仍不免有施展不开或碰壁的时候。

例如：在想点子时遇到瓶颈，点子太过"白水煮白菜"，没有什么曲折的乐趣；促销方案已经做过20次了，实在变不出新花样；预算太少，怎么做都困难……类似这种时候该怎么办？

大部分的课题我们都可以从正面攻击，迎刃而解，但有时还是会遇到一些状况，要从狭小的门缝钻过去。

当点子王、创意大师也深受困扰时，该怎么办？

不要担心问题无解，我们反而要以无比欣喜的心情（终于有更难的问题）来挑战它。不过，解决问题并没有特效药，而且每个点子或企划都要量身定制，不同的案例有不同的条件，即使是同一家公司，也会因时间的不同而需要不同方向的企划。

有一个突破的出口，那就是改变"发问的方法"。

过去我们所受的教育都是教我们寻求标准答案，然而在商

【一般人都这样想】

单纯地思考,就会得到这些常见的答案?

场上，并没有所谓的标准答案。在商场上，每次遇到的问题及状况，或多或少都有不同。此外，也会因主事者不同，须以不一样的角度面对课题。既然如此，如果我们换个角度思考课题，就会得到不同的灵感与解答。因此，本章提供的工具即是改变现有的课题，换个角度思考看看。如何做到？光在心里烦恼是没有用的，这时要活用你所知道的工具，换个情境思考。但要从哪一个工具开始呢？我们先以九宫格作尝试。

【从发问开始】

礼物转送来转送去	11月举行，但是商品在春季决定	在百货公司卖
不得已，非送不可？	年终送礼市场	价钱
习惯	中元节的冬季版 ▲	全国配送服务

> 从这里再重新开始。
> 因为现在的点子蛮无聊的。

改变现有的发问，换个话题。

假设上司给了一个课题，要我们提出"马克杯进占年终送礼市场的活动企划"。我们最初步的想法，如同左页所示的进行。当思考遭遇瓶颈，或是情绪不好时，我们有个倾向，会朝送赠品、打折等一般的点子着手，但请不要那么轻易放弃。当自己觉得点子不好时，就该尽力想出更有趣的点子，这时便可以运用九宫格。将"年终送礼市场"放在九宫格的正中间，质疑的问题摆在四周，换八种想法来问自己。

"中元节的冬季版"；

"习惯"；

"不得已，非送不可"；

"礼物转送来转送去"；

"11月举行，但商品在春季决定"；

"在百货公司卖"；

"价钱"；

"全国配送服务"。

【更深入地展开】

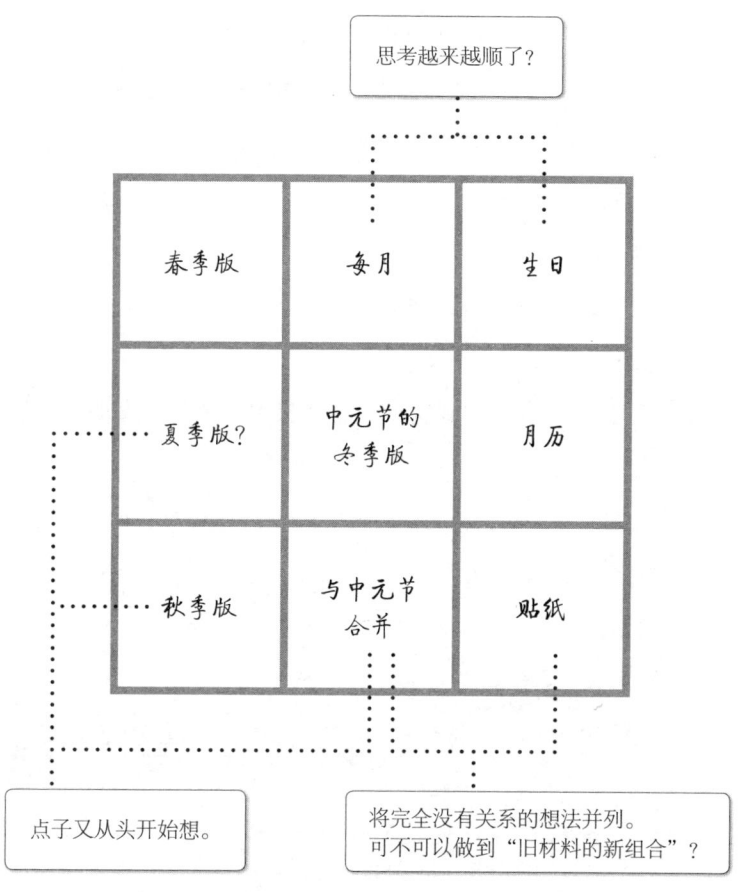

即便觉得无聊,也要往下发展。

把自己当成记者,不断追问年终送礼的意义何在?并试着将"年终"一词换成其他字眼,看看会不会激发出别的想法?

接下来,我们要通过九宫格,更深一层地往下探讨。

将"中元节的冬季版"放在中央,把想到的字眼放在四周。就像玩联想游戏一样,在脑海中不断搜索。

"与中元节合并";

"秋季版";

"夏季版"……中元节吗?

"春季版";

"每个月"……想到这里,突然想到下个月是女朋友的生日,该怎么庆祝?

"生日"……咦,我的记事本里,贴上了女友生日的贴纸?

"月历";

"贴纸"。

【换个发问方式所产生的点子】

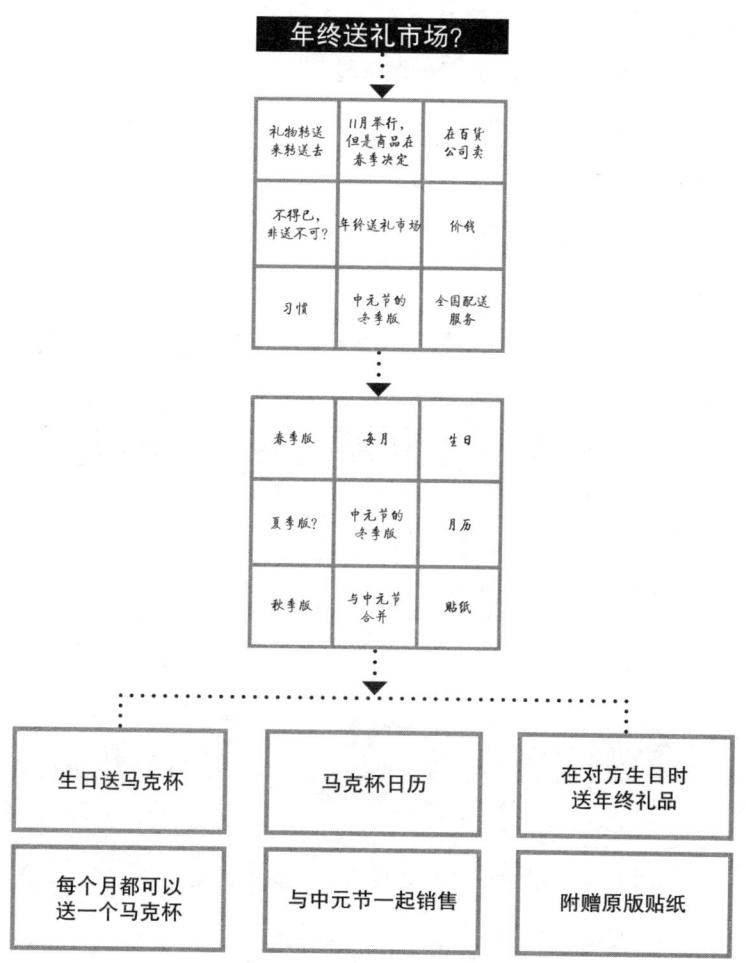

利用工具,就能轻松想出点子。

我一面自问自答，一面在脑海中搜索着字眼。最后停在贴纸上面，虽然看起来离题颇远，可是却带来了别的灵感。

像这样自我追问，点子就越来越多了。

"生日时送马克杯"——与年终送礼没关系，但或许也可朝此思考。

"每个月都可以送一个的马克杯"——好像可以设计五组出来。

"与中元节一起销售"——春夏秋冬的季节性设计……会奇怪吗？

"马克杯日历"——印有日期数字的杯子，一个人可以买31个……有些困难？

"附赠原版贴纸"——我们公司的设计人员会做吗？

"在对方生日时送马克杯的年终礼品"……例如这样的东西？

怎么样？

换个发问的方式，是不是就找出切入点完全不同的点子呢？虽然许多想法与年终送礼没有直接关系，但为何不试着一起提案看看？

也许最后提出想法时，会被骂过于离谱，也或许会被大肆褒奖一番。总之，不要怕失败，试试又何妨。

又如前面提到的九大检验法则，也可以拿来试用。

从"年终送礼市场"的问题,开始寻求各种答案。

转用?销售对象还有没有其他群体?

应用?玻璃杯的厂商会怎么做?

更改?换个送礼的名目?意义也改变了吗?

扩大?提早订购?以只卖到除夕前的名义大张旗鼓?

缩小?限定在年终的某一天销售?

代用?换个送礼的对象?马克杯的新意义?

置换?内容换一下?马克杯以外的商品还有什么?

逆转?上司送"下属"或"员工"的礼物?

结合?和其他的年终礼物一起送?联合销售法?

运用以上的检验法则,寻找属性相合的点子,或许会带来不同观点的灵感与想法。利用九宫格可以帮助我们思考全然不同的点子。

只要我们经常运用各种工具,身心逐渐习惯,联想的机制就会在不知不觉间深植心中,就能轻轻松松展开各种质疑与发问。而且随着发问方式的不同,点子的联想就会不同,更能增加点子的数量与质量。

下次遇到肠枯思竭时,不要忘了换个方式发问,你的头脑必定能给你不一样的回应。

Chapter6

寻找你专属的工具

阅读至此,你是否已感受到这些工具的威力了?想让工作顺利、事业成功,靠的是点子、企划与实践。即便在我们的日常生活中,不也是如此?想要改变生活、社会,也唯有靠点子、企划与实践,别无他途。

何况点子早已储存在我们的头脑里,只待适当的机会来发展、运用。在日常生活中,不断在脑海里储存各种偶然收到的讯息,时机一到,便拿出来运用,形成智慧与创意,使工作成功。

本书所介绍的工具,就是帮助我们将过去在无意识中进行的创意发想,能更加操控自如。因此,这些工具不需要复杂的操作方式,就能自然地协助思考与发想。说得夸张一点儿,这是21世纪的制胜工具。

如果我们充分了解点子与企划的创造过程,剩下来的就只有行动。再者,解决各种课题时,必须开创自我风格,因此我们必须找出最易于运用并专属于自己的工具。

请列出你认为最能发挥作用的工具,并试想一下使用这些工具的情形,看它们是否符合自己的习惯?你会发现,还有许多工具是你从未注意过的,最终也一定能找出最适合自己的工具来!

输入型工具

我们回到前述的"点子不过是既有要素和材料的新组合"这个定义,就能为眼前的课题从既有的素材中,找出有趣的新点子,整合成有效的企划案,因此平时储备素材是很重要的。我们要利用工具,养成思考、创意的习惯,在日常生活里,也能随时为自己的创意银行灌溉养分。

输出型工具

这也有很多种,像是帮助发想、整合成企划的,等等。时间与预算许可的话,要尽量去尝试各种工具的运用。

由于输出型的工具要能边走边使用,因此操作必须简便。如果还要从皮包里掏出来,这不只是时间的浪费,也会影响成效。最好是心随念转,马上就能转化成点子。

有时我们难免会被复杂的工具或配备所吸引,但是切记,如果必须放在皮包里,那就不是好工具了。

1　信息媒体

书

具有整合信息、立论独具一格的价值。任何人都可以利用书，将他人呕心沥血的研究成果，只花个十分之一、百分之一的时间便轻松运用。甚至我们可以利用小说、诗歌等历经锤炼的文艺作品，帮助我们了解人类的微妙心理，非文学类书籍则能够帮助我们了解人生或事件的真相。

阅读就是一种模拟体验。为了想出点子或企划案，我们须设身处地去假想目标对象的各种状况。读的书越多，我们的模拟体验就越广泛，越容易拥有各种不同的观点与视野。

不过阅读也有缺点，那就是时间的局限。基本上，一本书的诞生最少需要花费三个月，在强调实时需求的现代社会，算是速度较迟缓的信息来源。此外，由于书籍承载的是作者强烈的个人主张，而世界上的任何议题都不能只听片面之词就下判断，因此有时不具有平衡各方观点的作用。

报纸、杂志

报纸、杂志比起书籍，时效上当然优越许多。然而杂志有特定的读者群，风格强烈；报纸虽是针对全民而设，依旧有其风格。相同的话题会因不同的报社而有不同的观点，标题与取材角度也各不相同。我们习惯每天都看相同的报纸，但有时在书报摊前，也请浏览一下各家报社的标题，比较看看，你会发现相当有趣。光是这样，就能产生许多不同的联想。

杂志也是如此。有时也请翻看不是以自己为读者群的杂志。虽然中年大叔拿本女性杂志，看起来确实怪怪的，但你不妨把自己当成出版社的间谍，帮助自己了解当今社会不同群体所关注的话题。

电视、广播

电视等影像信息媒体蕴藏了众多信息，也是传播信息非常快速的媒体。我们可以从中获得许多灵感，例如从主要画面中获得知识，思考制作单位的动机或者画面里的背景，即使是我们经常收看的节目，也能够给我们诸多启示。

有时换个角度看电视节目，看看自己平常不看的节目，甚至注意一下同时段里的其他节目，都可获益无穷。

广播是典型的"分身媒体"，你可以一边做自己的事，一边听节目。有时我们漫不经心地听着,也会福至心灵地想到好点子,或是听到许多有趣的讯息而欣喜不已。

不过,声音的媒体也有缺点,那便是有时间的限制,节目结束后,"船过水无痕"般地听过就没有了。而60分钟的影像就要花60分钟看完它。虽然现在有快进功能,但毕竟无法像印刷媒体般,让我们可以利用速读的方式,快速找到想要的信息,这是影音媒体的局限所在。

网络

是各种信息的大拼盘媒体。网络浏览是风靡一时的流行语,然而善用它其实并不容易。网络提供了报纸、杂志、电视乃至个人嗜好的各种素材,却又杂七杂八地混在一起,而且可信度也一直为人所诟病。不过,其优点是提供了不同于大众媒体的信息。此外,哪怕远在海外的信息,都可经由网络快速获取。

广告、报道

大部分的大众媒体都有广告与报道的部分。笔者并非因为身为广告公司的一分子,就说广告重要,不信你想想看,没有广告的媒体是不是很奇怪呢?广告与报道从不同的角度为我们提供了更多讯息,尤其是其他行业的广告或报道。一种是从企业的角度，将商品或企业信息加以编辑的广告；一种是从生活者的立场或是社会正义的一面所解读的报道，让我们清楚了解到企业与大众传媒间，不同的立场与差异。我们可以从中学习到，相同的信息会因不同的解读者而产生迥然不同的报道，而这些都是形成点子的最佳启示。

摄影集、字典、年表、地图、数据库等

还有其他许多工具可供运用。所谓信息媒体，从最实时的报纸电视，到蕴藏各种知识的书籍等都算是。因为编辑手法不同，种类也会不同。除此之外，另有其他不同类型的工具，可以帮助启发思维。例如摄影艺术类的高水平媒介物，每次看了都会有不同的收获；字典、年表、地图等，并不需要一次全部看完，但很适合经常拿出来翻阅。虽然其内容不变，但由于碰到的问题不同，总会有不一样的发现。在办公室、家里的书桌上，甚至是洗手间，都应摆上几本。

2　设备用品

数码相机、移动电话、文具、录音笔

提到创意的利器，大家可能会想起以上这几种固定的工具，其实有关思考的工具种类繁多，千奇百怪，但最重要的，是不要被自己的虚荣心给蒙蔽了。请切记！"高价≠高功能≠有效"。这也是工具不可思议的地方，找到一个最适合自己的工具才是上上策。

数码相机的问世具有划时代的意义。其记录功能可圈可点，不用担心底片的多寡，拍不好的照片可以立即消除，拍好的照片马上就看得到，而且档案还可以传输到计算机上，快速送到需要者的面前。

色彩浴的属性与数码相机最契合。在街上行走时，随时都可以照相，事后还可以拿出来仔细观赏，你会发现许多走路时没有注意到的地方，让思考的素材倍增。而且资料不但能与他人共享，还可以打印出来，让更多人体验色彩浴的功效。此外，开会时，展示你所收集的相片，比费尽唇舌说明，更容易让听者明了。

移动电话也是一种很棒的工具。如今有更多的机种，例如附有照相功能的手机等，功能更多样化。当在街头观察时，移动电话可以作为色彩浴的记录工具；具有电子邮件传送功能的照相机也很方便，有些公司还可以设定将电子邮件转到手机上，使行动更为自由，无须为了收发电子邮件而非回公司不可，让使用者能更有效地运用时间。

另外，手机通讯录的功能也不可忽视。紧急时可以随时向朋友求救，如果还要翻通讯簿，就会让自己有"等会儿再说"的借口，以至于不了了之。

文具也是一种工具。最近钢笔市场有复苏的迹象，外国制的彩色铅笔也很容易买到。虽然玩物丧志并不好，但使用心爱的文具做笔记、想点子、画点子素描，会令人心情愉快，动脑更来劲儿，点子越想越好。使用自己喜爱的文具确实可以效果倍增。当然，从事企划工作必须熟悉计算机，然而我们也不可忘了动手的乐趣。容我再重复一次，手写是创造点子的基本动作。

同样的道理也适用做记录的备忘纸。前面提到横线型设计的笔记本，正好与头脑的运作方式相反，因此我们需要更适合的纸张，以维持做记录的兴致。

或许你认为这些并没有什么大不了的，不致产生重大的影响，但请相信设计的力量。不要只用制式化的记事本，请用点儿心思在挑选备忘纸上。

有人喜欢纯白的纸,有人喜欢有颜色的纸,有人则喜欢有方格底纹的纸,每个人的喜好不同,喜欢的尺寸、形状也不一样。不相信的话,想想坐在你隔壁的创意人,是用什么样的纸张作记录的?

记录声音的工具已经标准化,带着录音笔逛街的人越来越多,虽然事后听取录音的内容须花点儿时间,然而用录音笔录音,能够更正确地传递出语言难以表达的暧昧氛围,创意人拿手的葡萄藤攀援法也是如此。

皮包、椅子、桌子、衣服

这些是日常物品,也是工具的一种。服装、皮包、家具等设计品,融合了人体工学、传统技艺与最尖端的造型设计,如果我们换个角度来看这些物品,就会赫然发现,它们均蕴藏了许多创造好点子的素材。

流行界、时尚圈是设计师一展才华的地方,也是我们寻宝的好场所。不仅是为了解流行,更应该以色彩浴的方法寻求新发现;不是"好美丽、好帅"这种单纯的感动,而是要想到"那条皮带的宽度,是不是可以拿来连结某某构想?"诸如此类,当作联想游戏的题材。

将工具带上街需要皮包,而皮包的尺寸规格与你选择的工具有关。带电脑出门的人便需要坚固耐用的皮包,有些人则需要 A3 大小的规格。总而言之,就是要挑选适合自己使用的皮包。

上述这些办公用品都是用来强化我们的点子的,因此有人讲究皮包功能,要的是口袋多,有些人则重视造型,完全放弃功能性。另外,我们也要想想同样的口袋型皮包风格,不同的品牌有哪些不同的设计?比照各家不同的诉求重点,可以帮助我们想出不一样的点子。除了买皮包之外,当我们逛街买东西时,也不要忘了随时以两种身份——消费者与创意人的角度,来享受流行的乐趣。家具也是设计师发挥功力的产品。最近经常可以见到有关椅子的报道,可以选择的商品也越来越多。好点子来自心情轻松的环境,因此选一把符合自己体形的椅子,让工作能更容易进入状态也是非常重要的。

由于工作的关系,我需要大桌子以及好椅子。如果办公室里每个人都可以选择自己喜爱的椅子,将使办公室顿时充满各式各样的色彩和形状,让我们置身于灵感满天飞的工作环境中,那该是多么棒的事情!虽然这依旧是个梦想,但或许我们可以来挑战看看!

3　真实的环境

人、空间、音乐、嗜好品等

印刷物或电视都属于间接媒体，因为它们毕竟不是真实的环境，缺少实际的接触，因此必要时，我们得到现场，以五官、身体亲自去感受信息的真实状况。但是也请不要误会，我并非要大家每天都往外跑，去搜寻最新话题，只是我们偶尔需要实际去体会一下真实的氛围。有时，只是到了现场，吸几口空气，身体与心里就会涌起诸多感受。

也许不会跳舞的人，去到酒吧就像入了地狱般痛苦。然而，你其实大可不必勉强自己跳舞，只要以记者取材的意识去窥探"酒吧"这个世界就已足够。有时朝着与自己兴趣、喜好、专长完全相反的方向思考，也会想出古灵精怪的好点子。

就像去吃饭时，有时会想吃吃看别人点的菜，"试试看吧？""像哪一种口味的鸡尾酒呢？"等。其实，这样的做法并不特殊，只不过我们现在是要把尝试的触角伸向其他的环境而已。来者不拒，若有机会就试试。

4　自创的项目

检验表、记账本、资料夹、资料库、暂存区等

对于自己有兴趣的资料，可利用上述工具归纳整理。虽然这与创意马拉松有些类似，不过它的着眼点是在信息的使用。我们不要让收集信息成为一种负担，收集资料最重要的是"要用时能好拿好取，不耽误时机"。

此外，使用工具的重点在于激发点子或企划，不需要做到一丝不苟，只要能达到促进思考的目标，怎么做都没关系，方法简易最重要。

综观我所列举的例子，似乎我们周遭的事物都能拿来当作工具。其实这些工具，正是为了搜寻信息、发现素材，将其吸收并形成点子、解决问题。因此日常生活的任何事物都可以成为灵感来源。如果你能从环境中善加截取，并将其重新排列组合，新点子就诞生了。

此外，请不要忘记，点子的灵感无所不在，重点在于我们是否能发现。因此我们要经常问自己、提醒自己去寻找灵感的来源。

动脑是非常随机的,因为想事情没有ON或OFF的开关,所以我们随时都要保持着创意人的意识,让头脑保持待机状态。如果真是如此,那么你眼中的世界也一定截然不同。

让我们开始动脑吧!

尾 声
动脑系统化，才是真"工具"

本书列举了许多工具的使用方法，作为帮助创意的利器。这些工具种类繁多，借由不同的使用方法，任何事物都可以成为工具。而不管哪种工具的使用目的都一样，就是要能更顺畅地进行创意，轻松自然地形成企划。

最后，我偷偷提供一条迈向创意人的捷径，那就是——找出你心目中创意人的理想形象，并大胆地为自己冠上他的头衔，诸如"我是×××的动脑专家"，×××即是你以往的形象。例如"早上到公司以前，会想出十个点子的动脑专家"，或是"在企划执行的最后阶段也不会有所遗漏的动脑专家"等不要让"创意人"成为单纯的一般名词，每个人都有自己的专长与特色。从今天开始，就做个能发挥自己特色的动脑专家吧！

"×××的动脑专家"也能作为你的形象目标。

这一点非常重要。一旦我们知道自己的目标，自然就会知道该往何处去，该搜寻、吸收什么样的讯息。

尾声　动脑系统化，才是真"考具"

当你把自己定义成创意人的那一瞬间，一切便开始改变。

最后要提醒各位读者，读完本书后有个最大危机，那就是"看过、了解，却不行动"。

前述章节中曾提到的神田昌典先生说过："知道成功的秘诀并实际采取行动的人，只有1%，所以要成功其实非常简单。"在此，我不胜惶恐地再次提醒各位，不要成为99%的大多数。

不但要随时掌握机会，试用工具，更要持续地使用下去。

这些工具的使用方法就是动脑的方法。一旦使用得得心应手，它就会成为头脑的一部分，以后无须刻意取出，自然就会促使我们动脑。

如此一来，动脑的方法将成为我们身体的一部分，形成一种习惯，并且系统化。之后，即使没有这些工具，头脑也能自然运作，点子源源不绝地产生。

总之，这些只不过是工具，最重要的是借此养成动脑的习惯。或许真正的高手，什么工具也不使用吧！

后　记

　　本书得以完成，要感谢许多人。首先，我非常感谢博报堂以及我的客户，给我无数的机会实际演练动脑与企划的工作，还有博报堂CC局的各位同事，以及一起工作的协助单位，从我进公司以来，便不厌其烦地教我很多事情。

　　此外，"考具"（本书译作创意的利器）一词并非我的创作，这个新名词是博报堂嶋本达嗣先生的杰作，由于他的割爱，让我得以引用，敝人非常感激。

　　感谢根本祐规子与"苹果籽广告公司"的鬼塚忠为我制造机会，TBS出版的小泉伸夫大胆采用我的企划案，以及不论我如何无理要求，都笑脸以对的设计师峇田昭彦，请接受我十二万分的感谢。因为你们才有本书的诞生，也让我更深刻地体会什么叫作缘分！

　　最后，我要感谢忍受我生活晨昏颠倒、时间被分割得零零碎碎的家人以及让我爱上阅读的父母。

如果有人阅读本书，就是给我最大的鼓励，因此我也要对读者诸君说声谢谢。我喜欢想有趣的事情，并期望因此结交一些乐在生活与工作的朋友，我希望身边有越来越多的创意人、企划人出现。虽然大家都成为创意人以后，或许就不需要广告公司了，但是我也绝不会输给你们，期待我们有一天能互相以创意一较高下！

加藤昌治

参考文献

1. 《川崎和男　梦幻设计师》（川崎和男　ドリームデザイナー），NHK"课外教学／学长您好"制作小组制作小组与KTC中央出版合编，日本KTC中央出版。
2. James Webb Young. A Technique for Producing Ideas. McGraw-Hill，2003.
3. Jack Forster. How to Get Ideas. Berrett-Koehler Publishers，2007.
4. Stephen Covey etc. The 7 Habits of Highly Effective People. Free Press，1990.
5. 《七色鹦哥》，手冢治虫著，讲谈社.
6. Paco Underhill. Why We Buy : The Science of Shopping. Simon & Schuster，2008.
7. Paul R. Scheele，The Photoreading Whole Mind System. Learning Strategies Corp，1997.
8. Tom Kelly，Jonathan Littman. The Art of Innovation: Lessons in Creativity from IDEO，America's Leading Design Firm. Crown Business，2001.

9. 永江朗著. インタビュー術！（面谈术！）. 日本讲谈社，2002.

10. 今泉浩晃著. 曼荼羅・知慧の構造 その秘められた謎を解く(曼陀罗思考训练实用手册). 日本オーエス，1993.

11. Michael Michalko. Thinker toys. Cómo desarrolar la creatividad en la empresa. Gestion 2000，1999.

12. 小阪裕司著. 仕事ごころにスイッチを！：リーダーが忘れてはならない人間心理の3大原則&実践術（转换工作心情）. 日本フォレスト，2002.

13. Kenneth H. Blanchard，Sheldon Bowles. Raving fans:A Revolutionary Approach to Customer Service. Harvey Mackay，1993.

14. 池谷裕二，系井重里著. 海馬:脳は疲れない(海马体-大脑真的很有意思). 新潮社，2005。

15. 博报堂生活综合研究所著. タウン ウォッチング（都市观察）. 日本PHP文库.

16. 博报堂研究开发局社内资料. 博报堂ナレッジマガジン1/H（博报堂知识杂志1／H），2002.

17. 西冈文彦著. 编集の学校（编辑的学校）. 宝岛社，1991.

18. 樋口健夫著. アイデア発想が湧き出る本(点子源源不绝). 日本ダイヤモンド社.

19. Feargal Quinn. Crowning the Customer:How to Become Customer-driven. O'Brien Press Ltd，2005.

20. 槙原敬之《UNDERWEAR》专辑，华纳音乐。

【附 录】

必读！献给创意人的精选书单

王瑶芬

1. 西尾忠久著. 高飞企划工作室译. 如何激发成功创意：从VW汽车七十余则成功广告看如何激发成功创意，1990.

2. 西尾忠久著. 企画のお手本（如何写好广告文案）. 日本 ロングセラーズ出版.

3. Roger Brooksbank. 200 Proven Sales and Marketing Ideas to Grow Your Business (200个营销创意妙方). 美商麦格罗·希尔国际.

4. 日本能率协会编著. KJ法应用实务.

5. Ron Kaatz. Advertising and Marketing Checklist（广告与营销核对清单）.

图书在版编目(CIP)数据

创意的利器. 工具 / (日) 加藤昌治著；王瑶芬译. -- 上海：上海文化出版社, 2019.1
 ISBN 978-7-5535-1383-6

Ⅰ. ①创… Ⅱ. ①加… ②王… Ⅲ. ①创意—研究 Ⅳ. ①J0-02

中国版本图书馆CIP数据核字(2018)第198728号

KOUGU
By MASAHARU KATO
Copyright © 2003 MASAHARU KATO
Original Japanese edition published by CCC Media House Co., Ltd.
Chinese (in simplified character only) translation rights arranged with
CCC Media House Co., Ltd. through Bardon-Chinese Media Agency, Taipei.

图字：09-2017-1043号

出 版 人：姜逸青
策划编辑：叶佳声
责任编辑：王茗斐
助理编辑：张 维
版面设计：华 婵
封面设计：DarkSlayer

书　　名：工具
丛 书 名：创意的利器
作　　者：[日] 加藤昌治
译　　者：王瑶芬
出　　版：上海世纪出版集团 上海文化出版社
地　　址：上海市绍兴路7号 200020
发　　行：上海文艺出版社发行中心
　　　　　上海市绍兴路50号 www.ewen.com
印　　刷：苏州市越洋印刷有限公司
开　　本：889×1194　1/32
印　　张：6.375
版　　次：2019年1月第一版 2019年1月第一次印刷
书　　号：ISBN 978-7-5535-1383-6/J.355
定　　价：37.00元

如发现印装质量问题请联系印刷厂质量科 电话 0512-68180628